Rothenburg

Abendhimmel über Rothenburg ob der Tauber

Stadtführer zu den schönsten Sehenswürdigkeiten

SCHÖNING VERLAG

Gesamtherstellung und © Copyright by
SCHÖNING & CO + GEBRÜDER SCHMIDT
An der Hülshorst 5 · 23568 LÜBECK
☎ (04 51) 31 03-0 · Fax: (04 51) 3 52 83
E-mail: info@schoening-verlag.de
Internet: www.schoening-verlag.de

Inhaltsverzeichnis

Notizen

Für Tipps und Anregungen sind wir jederzeit dankbar, denn Sie helfen uns damit, diesen Stadtführer auf dem neuesten Stand zu halten.

Herzlich willkommen in Rothenburg!

Die ehemalige freie Reichsstadt gehört zu den international bekanntesten und meistbesichtigten Städten Deutschlands. Am Schnittpunkt der Burgenstraße mit der Romantischen Straße liegt Rothenburg auf einer Hochebene, 425 m ü. M. Zu Füßen der Stadt fließt die Tauber in ihrem 60 m tief eingeschnittenen Tal, daher der Beiname „ob (= oberhalb) der Tauber". Die 12 500 Einwohner innerhalb und außerhalb der Stadtmauern arbeiten hauptsächlich für den Fremdenverkehr. 24 Hotels, 35 Gasthöfe und Gasthäuser und zahlreiche private Vermieter bieten über 2 000 Betten an. 90 Restaurants, Weinstuben und Cafés sorgen für das leibliche Wohl und die Unterhaltung unserer Gäste.

Gesamtansicht von Rothenburg ob der Tauber, dem Kleinod des Mittelalters

Neben der Besichtigung der ungezählten Sehenswürdigkeiten unserer mittelalterlichen Stadt sollten Sie Ausflüge, Spaziergänge und Wanderungen in ihre reizvolle Umgebung unternehmen. Sie können an geführten Themenwanderungen teilnehmen oder den gut gekennzeichneten Wanderwegen folgen. Das gilt ebenfalls für die ausgewiesenen Radwege im Taubertal oder über die Frankenhöhe an die Altmühl. Anlagen für Tennis, Reiten, Angeln, Kegeln, Schießen und Sportfliegen sorgen neben dem beheizten Waldschwimmbad mit Ozon-Hallenbad für weitere Betätigungsmöglichkeiten. In der näheren Umgebung finden Sie auch 3 Golfplätze. Von April bis September können Sie an den Ligaspieltagen echtes American Football der Bundesligaklasse genießen. Kulturell wird vor allem in der warmen Jahreszeit an vielen Wochenenden mit Veranstaltungen, Festen und Festivals, wie dem Taubertal Openair viel geboten.

Geschichte der Stadt Rothenburg ob der Tauber

10. Jh. Entstehung der Grafenburg

1108 Das Geschlecht der Grafen stirbt aus. Heinrich von Rothenburg vererbt seinen Sitz dem Kloster Comburg.

1116 Kaiser Heinrich V. belehnt seinen Neffen Herzog Konrad von Schwaben mit der Burgsiedlung. Damit kommt Rothenburg in den Besitz der Hohenstaufen.

1137 Konrad wird König

1142 Bau der Hohenstaufenburg Rothenburg („castrum imperiale")

1152 Konrad stirbt. Sein Neffe Friedrich I. „Barbarossa" wird König, da Konrads Sohn Friedrich, „das Kind von Rothenburg", erst acht Jahre alt ist.

1157 Der 13-jährige Friedrich von Rothenburg wird zum Ritter geschlagen und zum Herzog von Rothenburg ernannt.

1167 Friedrich „der Schöne" von Rothenburg hilft seinem Vetter Friedrich I., Papst Alexander III. aus Rom zu vertreiben. Er stirbt dort an einer Seuche. Rothenburg kommt an Kaiser Friedrich, der es von Vögten verwalten lässt.

12. Jh. Bau der ersten Stadtmauer, Burgtor, Weißer Turm, Markusturm und Röderbogen sind noch erhalten.

1258 Ein Dominikanerinnenkloster (Adelsstift) wird gestiftet.

1274 Rothenburg wird unter König Rudolf von Habsburg Freie Reichsstadt.

Erste Erweiterung der Stadtmauer, um die neu entstandenen Wohnviertel der Handwerker in den Schutz der Befestigung einzubeziehen.

1339 Rothenburg erhält von Kaiser Ludwig dem Bayern das Recht, selbständig Bündnisse einzugehen.

1356 Die gesamte Burganlage wird vermutlich durch ein Erdbeben zerstört. Hierüber gibt es keine schriftliche Quelle.

Lediglich das „Hohe Haus der Herzöge", die Blasiuskapelle, bleibt bis heute erhalten.

ab 1311 Bau der St.-Jakobs-Kirche, geweiht 1485.

14. Jh. Bei der zweiten Stadterweiterung wird das Spitalviertel als „Kappenzipfel" in den Befestigungsring eingeschlossen.

um 1400 Blüte der Stadt unter dem mächtigen Bürgermeister Toppler, Hauptmann der Städte Ulm, Nördlingen und Dinkelsbühl.

1407 Städtekrieg mit Belagerung Rothenburgs durch Burggraf Friedrich von Nürnberg und den Bischof von Würzburg. Der Besitz außerhalb der Stadtmauern wird verwüstet.

1408 Der Friede von Mergentheim bringt der Bevölkerung Rothenburgs schwere Lasten. Bürgermeister Toppler wird gefangengenommen und stirbt im Verlies.

1451 Handwerkerrevolte gegen den Rat der Patrizier.

1501 Der östliche Teil des Rathauses wird durch einen Brand vernichtet.

1525 Bauernkrieg: Rothenburg verbündet sich mit dem Bauernführer Florian Geyer. Auf die Niederlage gegen ein Fürstenheer folgt das Straf-

Tilly, Feldherr der Kaiserlichen im 30-jährigen Krieg. Um seine Eroberung der Stadt im Jahr 1631 rankt sich die Legende vom „Meistertrunk".

gericht des Markgrafen Casimir von Ansbach mit einer Massenhinrichtung.

1544 Rothenburg führt endgültig den protestantischen Gottesdienst ein.

1572 Grundsteinlegung zum Renaissancebau des Rathauses, dem bedeutendsten Bauwerk der Stadt.

1618 – 48 Dreißigjähriger Krieg. 1618 tagt die protestantische „Union" in der Stadt. Sie wird 1631 von Tilly, 1634 von Piccolomini und 1645 von Turenne belagert und eingenommen. Nach der Legende rettet 1631 der „Meistertrunk" Nuschs Rothenburg vor der Zerstörung. Als Folge der Kriegslasten sinkt die Freie Reichsstadt zur politischen Bedeutungslosigkeit ab.

1688 Ein französischer Kontributionsherr unter General Fenquiéres zerstört Rothenburger Mühlen und Dörfer.

1802 Rothenburg wird Bayern angegliedert.

1873 Die Stadt erhält den ersehnten Bahnanschluss.

im 19. Jh. Künstler wie Richter und Spitzweg „entdecken" Rothenburg.

1945 Durch einen Bombenangriff wird Rothenburg teilweise zerstört (ca. 40 %), allerdings bleibt der historische Stadtkern verschont. John Mc Cloy, später erster Hochkommissar der US Besatzungszone, verhindert die völlige Zerstörung der Stadt.

nach 1945 Wiederaufbau der Stadt in altem Stil. Die zerstörten Wehranlagen werden mit Unterstützung von Freunden und Gönnern aus aller Welt wieder errichtet.

1975 Ausbau der Zehntscheuer des Spitals zur „Reichsstadthalle".

1982 Eröffnung des Reichstadt-Museums im ehemaligen Dominikanerinnenkloster. Prunkstück neben zahlreichen Kunstschätzen ist die Waffensammlung Baumann, eine der bedeutendsten Waffensammlungen Süddeutschlands vom Mittelalter bis in die Neuzeit, die Klosterküche und die Indaica (jüdische Abteilung).

1985 700 Jahre Franziskanerkirche, älteste Kirche Rothenburgs.

1985 Anschluss an die Autobahn A7, der Wirtschaft und Tourismus neuen Schwung verleiht.

1993 700. Todestag des Rabbi Meir ben Baruch von Rothenburg.

1998 Der Verein Alt-Rothenburg feiert sein 100-jähriges Jubiläum.

1998 Einweihung eines Gedenksteins an die Judenverfolgung von 1298 im Burggarten. 450 Juden wurden ermordet, die blühende Gemeinde ausgelöscht.

2004 500 Jahre Vollendung des Heilig-Blut-Altars von Tilmann Riemenschneider.

1 Der Marktplatz / Die Ratsherrntrinkstube

Umrahmt von ehrwürdigen Patrizierhäusern, war er schon in frühen Zeiten Schauplatz von geschichtlichen Ereignissen, die das Schicksal Rothenburgs mitbestimmten: Von seinem Thron vor der Ratsherrntrinkstube (mit der Stadtuhr) belehnte im Jahr 1474 Kaiser Friedrich III. König Christian von Dänemark mit Holstein. Hier ließ am 30.06.1525 Markgraf Casimir von Ansbach 21 Aufwiegler aus dem Bauernkrieg öffentlich enthaupten. Die Chronik berichtet, „dass das Blut wie ein Bächlein die Schmiedgasse hinuntergeronnen" sei.

Am 31. 10. 1631 fielen die Frauen und Kinder Rothenburgs vor dem durch den Widerstand der Stadt erzürnten Tilly

auf die Knie und baten um Gnade. 1632 lagerte hier das Heer Gustav-Adolfs.

Noch heute ist der Marktplatz lebendiger Mittelpunkt der Stadt und der Ausgangspunkt der Führungen. Der historische Schäfertanz und der „Einzug der Kaiserlichen Truppen" werden hier dargeboten (siehe Veranstaltungen). Bei den Reichstadttagen bietet der Marktplatz die würdige Kulisse für das Musikfeuerwerk zum Einzug der Bürger.

Nicht nur bei diesen Aufführungen bildet die Rathaustreppe eine willkommene Sitzgelegenheit. Sie lädt förmlich dazu ein, hier die vom Pflastertreten müden Füße auszuruhen und das stets lebendige Treiben hier im Zentrum der Stadt, dem Schnittpunkt der alten Gassen zu beobachten.

Blick von der Rathausterrasse über den Marktplatz

Die Ratsherrntrinkstube

Am steilen Barock-Giebel mit dem krönenden Glockenturm finden wir über der Hauptstadtuhr (1683) eine Kalenderuhr, dann den Reichsadler und eine Sonnenuhr. Um 11, 12, 13, 14 und 15 Uhr sowie um 20, 21 und 22 Uhr erscheinen in den beiden Fenstern rechts und links der Stadtuhr Nachbildungen der Hauptpersonen des „Meistertrunks" aus der Zeit des Dreißigjährigen Krieges, von denen die Überlieferung berichtet: Tilly hat Rothenburg erst nach hartem Widerstand am 30. Oktober 1631 einnehmen können. Die Stadt soll geplündert und zerstört werden, die Ratsherren hingerichtet. Am nächsten Tag bietet der Kellermeister Tilly als Willkommenstrunk einen Humpen mit 3 1/4 l des schweren Frankenweins an. Der Feldherr will der Stadt Gnade gewähren, wenn einer der Ratsherren den Humpen auf einen Zug leert. Altbürgermeister Nusch schafft es in 10 Minuten und rettet damit die Stadt. Er schläft zwar danach 3 Tage hintereinander, lebt aber noch 37 Jahre, ehe er 80-jährig stirbt.

Giebel der Ratsherrntrinkstube: Beiderseits der Hauptstadtuhr Nusch beim Meistertrunk (rechts) und Feldherr Tilly

2 Das Rathaus

Beherrscht wird der Marktplatz von der imposanten Renaissance-Fassade des Rathauses mit dem barocken Arkadenvorbau. Dahinter befindet sich der alte gotische Teil des Doppelbaus mit dem über 50 m hohen Giebelturm. Nachdem 10 Jahre zuvor das alte gotische Rathaus abgebrannt war, begann man im Jahre 1250 mit dem Bau des heutigen Gebäudes. Ende des 14. Jahrhunderts war der gotische Doppelbau fertiggestellt, so wie er auf einem zeitgenössischen Gemälde auf der Rückseite des Zwölfbotenaltars in der Jakobskirche dargestellt ist. Der vordere Teil fiel 1501 wiederum einem Brand zum Opfer. An seiner Stelle wurde 1572 bis 1578 unter maßgeblicher Beteiligung des Rothenburger Steinmetzen und Bildhauers Leonhard Weidmann der herrliche Renaissancebau angefügt.

Rathaus: Vorn Renaissance-Bau (16. Jh.) mit Arkadenvorbau

Rathaus

Öffnungszeiten:
täglich 8 – 18 Uhr, Eintritt frei.
Rathausturm: April bis Oktober täglich 9.30 – 12.30 Uhr und 13 – 17 Uhr. November, Januar bis März Sa., So. 12 – 15 Uhr. Dezember täglich 12 – 15 Uhr

Blick vom Rathausturm auf den Marktplatz

Der Arkadengang wurde erst 1681 davorgesetzt. Die damaligen Baumeister haben es ausgezeichnet verstanden, die Bauteile der drei verschiedenen Stilepochen harmonisch miteinander zu verknüpfen. So wird die strenge horizontale Linienführung der deutschen Renaissance durch den Treppenturm und den hohen Eckerker unterbrochen und damit dem in die Höhe strebenden gotischen Bau angeglichen.

oben: Treppenaufgangsportal zum Renaissance-Rathaus
links: Renaissance-Portal im Lichthof
unten: Lichthof zwischen den Rathausgebäuden

Im Rathausinnern

Die kunstvolle Wendeltreppe im Treppenturm führt uns in die geräumige Vorhalle des 1. Obergeschosses, die von einer schweren Holzbalkendecke überspannt ist. Rechts und links vom Renaissance-Portal des Treppenturms finden wir die Wappen der Rothenburger Patrizierfamilien, wie der von Staudt, Nusch, Bezold und Winterbach. Eines der Gemälde zeigt den berühmtesten Bürgermeister der Stadt und Hauptmann der Reichsstädte, Heinrich Toppler, in ritterlicher Rüstung. Eine bronzene Tafel zeigt Gustav-Adolf, der hier, wenige Wochen vor seinem Tod, im Oktober 1632 übernachtete. Durch das mittlere Portal gegenüber dem Treppenturm gelangen wir in den sehenswerten gotischen „Kaisersaal". Die gewaltige Holzbalkendecke ist mit einem Unterzug versehen. Die Renaissance-Bänke vor den Fenstern, das Treppengitter, die Reliefdarstellung des Jüngsten Gerichts: Sämtliche Einbauten sind kunstvoll aus Stein gemeißelt. Dazu gehörten auch die Gerichtsschranken, die heute in der Diele vor dem Saal aufgestellt sind. Das Gewölbe des Treppenturms ist mit einem prächtigen gotischen Maßwerk verziert. Um den Reichsadler gruppieren sich die Wappen der Kurfürsten und der Stadt sowie das Monogramm des Baumeisters Weidmann. Über das Dachgeschoss gelangen wir auf den Rathausturm. Von seiner Aussichtsgalerie haben wir einen herrlichen Überblick über das Häusermeer, die zahllosen Türme und die Befestigungsanlagen. Im südlichen Teil des Lichthofs zwischen den Gebäuden befindet sich ein malerisches Renaissance-Portal, vielleicht ein Werk Weidmanns. Bis zur Fertigstellung des neuen Rathausteils 1578 war es Haupteingang.

unten: Gerichtsschranken
rechts: Rathaus, Kaisersaal: Reliefdarstellung des Jüngsten Gerichts

3 Der Herterichsbrunnen

In der Südwestecke des Marktplatzes liegt der schönste Brunnen Rothenburgs, der Herterichs- oder St.-Georgs-Brunnen. Bereits 1446 wurde das Wasser einer Quelle zur Wasserversorgung der Bewohner in einem Kanalsystem in die Stadt geleitet. Seine heutige Form erhielt der zwölfeckige, reichverzierte Brunnen vom Rothenburger Bildhauer Christoph Körner, der ihn 1608 im Renaissance-Stil schuf. Die Mittelsäule mit den Wappenschildern wird von der Figur des hl. Georg gekrönt. Früher waren die Wahrzeichen der mittelalterlichen Gerichtsbarkeit, Galgen, Pranger und Drehhäuschen vor dem Brunnen aufgebaut. Um ihn herum tanzten einmal im Jahr die Schäfer der Umgebung und bannten damit die Pest in Rothenburg. Nach einer anderen Sage tanzten sie aus Freude über einen Schatz, den ein Schäfer durch einen Traum entdeckt hatte.

Das Fachwerkhaus daneben, Jagstheimerhaus genannt, die heutige Marien-Apotheke, wurde 1488 für den Bürgermeister Jagstheimer erbaut. Unter dem romantischen Erker ist eine Muttergottesfigur angebracht. Der malerisch verträumte Innenhof mit reich verzierten Brüstungen der Galerien ist beispielhaft für die Patrizierhöfe jener Zeit. Das Jagstheimerhaus beherbergte einst Kaiser, so auch Maximilian I. im Jahre 1513. Es gilt neben dem Baumeisterhaus als eines der schönsten Patrizierhäuser Rothenburgs. Auch die Dachkammer erlangte durch Spitzweg mit seinem Gemälde vom armen Poeten Berühmtheit.

Herterichsbrunnen: Renaissance-Brunnen mit Figur des hl. Georg, daher auch St.-Georgs-Brunnen. Links Jagstheimerhaus/ Marienapotheke, rechts Rathaus

4 Das Baumeisterhaus

Baumeisterhaus (1596), Renaissance-Bau, Werk Weidmanns, rechts daneben Haus des Bürgermeisters (Toppler 14. Jh.)

An der Südostecke mündet die Obere Schmiedgasse in den Marktplatz. Die drei ersten Patrizierhäuser, auf die der Blick fällt, verkörpern die Baustile verschiedener Epochen.

Der „Gasthof zum Greifen" war das Wohnhaus des Bürgermeisters Toppler.

Der malerische Innenhof im Baumeisterhaus. Er diente den Patriziern in der warmen Jahreszeit als erweiterter Wohnbereich

Das Gebäude entstand gegen Ende des 14. Jahrhunderts, der Giebel wurde jedoch im 17. Jahrhundert erneuert. Gegen den Marktplatz schließt sich das prächtigste Bürgerhaus Rothenburgs an, das Baumeisterhaus. Leonhard Weidmann schuf es 1596 im Stil der Renaissance für den damaligen Stadtbaumeister. Die Stufen des Giebels sind durch Voluten in Gestalt von Drachen harmonisch vermittelt.

Besonders auffallend sind die Fensterstützen der beiden Obergeschosse: Männer- und Frauengestalten stellen in wechselnder Folge die sieben Tugenden und die sieben Laster dar. So sehen wir in der unteren Reihe nebeneinander z. B. Herzensgüte, Völlerei, Mütterlichkeit und Betrug. Sehenswert ist auch der malerische Innenhof, der noch unverfälscht erhalten ist und heute als Café bewirtschaftet wird.

Das wappengeschmückte Nachbarhaus mit den Treppengiebel war früher Apotheke.

Die Schmiedgasse wird durch kunstvolle Ausleger von Ladengeschäften und Gasthäusern sowie Blumenschmuck an den Häuserfronten belebt.

5 Kunstausstellung im Fleisch- und Tanzhaus

Der hochgieblige Fachwerkbau hinter dem Brunnen, das Fleisch- und Tanzhaus, steht auf den Grundmauern des 1240 abgebrannten alten Rathauses. Bis ins 18. Jahrhundert verkauften die Rothenburger Fleischer im Untergeschos ihre Waren. Heute ist hier die Gemäldeausstellung der in Rothenburg zahlreich vertretenen Künstler untergebracht. Die Kunstwerke sind größtenteils käuflich zu erwerben.

Reichsstädtisches Fleisch- und Tanzhaus mit Herterichsbrunnen, rechts Jagstheimerhaus und Rathauserker

Im großen Saal über den Kreuzgewölben wurden früher Festlichkeiten abgehalten. Das Gebäude diente als Gewandhaus, in dem früher die Uniformen der Bürgerwehren aufbewahrt wurden. Heute noch nutzt das Festspiel das Gebäude als Kleiderkammer. Der historische Schäfertanz wird heute nicht mehr um den Brunnen getanzt, sonder mehrmals im Jahr vor dem Rathaus aufgeführt. (Siehe Veranstaltungen).

Fleisch- und Tanzhaus am Marktplatz

Öffnungszeiten:
April bis Oktober täglich 10 – 17 Uhr, auch während „Wintermärchen".
Eintritt frei.

INFORMATION

6 Historiengewölbe und Verliese

Schräg gegenüber des Fleisch- und Tanzhauses befindet sich der Einlass des Lichthofes und der Historiengewölbe. Hier sehen wir eine Ausstellung von Gegenständen und Szenen aus der Zeit des 30-jährigen Krieges, gleichzeitig Utensilien des historischen Festspiels „Der Meistertrunk". In den Gewölben waren früher Kramläden untergebracht, in denen vor allem die auswärtigen Händler ihre Waren anboten und die für den Verkauf der wenigen Güter reserviert war, die nicht den Handwerkern vorbehalten waren. In Begleitung des Hausmeisters gelangen wir zu den Verliesen, zwei Stockwerke unter dem Kaisersaal. Neben der alten Folterkammer befinden sich drei enge, dunkle Kerker. Hier wurden 1408 Heinrich Toppler, sein ältester Sohn Jakob und sein Vetter festgehalten. Während Toppler selbst nach zwei Monaten am 13. Juni starb oder hingerichtet wurde, kamen seine Verwandten auf das Bitten von Freunden im Monat darauf wieder auf freien Fuß. Topplers Erben mussten ihre Habe in Rothenburg verkaufen und die Stadt für immer verlassen. Nach der Zahlung von über 10 000 Gulden Strafgeld zogen sie nach Nürnberg.

Wir verlassen den Lichthof am anderen Ende, nähern uns der Hauptkirche St. Jakob, vor der wir zunächst rechts abbiegen.

Historiengewölbe: Landsknechte beim Würfelspiel, Szene aus dem 30-jährigen Krieg

Historiengewölbe
Eingang Rathaus, Lichthof.

Öffnungszeiten:
April bis Oktober 9.30 – 17.30 Uhr,
während Weihnachtsmarkt 13 – 16 Uhr,
Januar, März, November geschlossen.

INFORMATION

7 Altes Gymnasium

Der stattliche Renaissancebau mit dem achteckigen Treppenturm auf der Nordseite des Kirchplatzes ist die ehemalige Lateinschule (1589). Der riesige Dachboden diente als Getreidespeicher. Genauso beachtlich ist der große Weinkeller unter dem alten Gymnasium.

Heute wird das Gebäude von der Kirche als Gemeindezentrum genutzt.

Altes Gymnasium (1589) mit Treppenturm

Blick vom Bettenfeld im Süd-Westen

8 Die Jakobskirche

Wenden wir uns nun der Hauptkirche von Rothenburg zu. Die Hauptkirche Rothenburgs wurde im Stil der Hochgotik in über hundertjähriger Arbeit errichtet und 1448 geweiht. Mit den durchbrochenen Helmen seiner Türme bestimmt das kolossale Bauwerk das Bild der Stadtansicht. Aus der Nähe betrachtet, bietet es ein eindrucksvolles Beispiel gotischer Kirchenbaukunst: schlanke Fenster, Strebepfeiler und Türme richten den Blick nach oben, zu Gott.

St.-Jakobs-Kirche: Hauptkirche Rothenburgs im Stile der Hochgotik (14./15. Jh.) mit unterschiedlichen Turmhelmen

Romantischer Blick auf die Jakobskirche, rechts der Reichsküchenmeister, ehemaliger Sitz der staufischen Reichsverwalter

St. Jakobs-Kirche

Öffnungszeiten:
April bis Oktober täglich 9 – 17.30 Uhr, Dezember 10 – 17 Uhr, November, Januar bis März 10 – 12 Uhr und 14 – 16 Uhr

Auf dem Platz der alten Pfarrkirche, die noch Filialkirche der älteren Siedlung Detwang war, ließ der Deutsche Ritterorden die Jakobskirche errichten. Geldgeber waren allerdings die Bürger Rothenburgs. Bedingt durch die lange Bauzeit, waren viele Meister bei der Planung und Ausführung beteiligt.

Der Südturm der Jakobskirche

Bei der Fertigstellung der Türme – so berichtet die Sage – sei der südliche vom Meister selbst gebaut worden, der schlankere Nordturm von seinem Gehilfen. Der Meister habe sich aus Ärger über die bessere Arbeit des Gesellen von seinem Turm herab in den Tod gestürzt.

Reich geschmücktes Brautportal an der Südseite des Gotteshauses

Durch das Südportal – etwas rechts davon sehen wir die reichgeschmückte „Brauttür" – betreten wir die Jakobskirche. Bietet sie schon von außen ein imposantes Bild, so finden wir im Innern erst recht eine Vielzahl von beispielhaften Elementen für die hohe Kunst der deutschen Gotik, die ihre enorme schöpferische Kraft fast ausschließlich den sakralen Bauten widmete.

Spitzbogige Arkaden verbinden das 24 m hohe Mittelschiff mit den niedrigen Seitenschiffen. Oberhalb der Arkaden bestimmen helle Wandflächen das Bild, unterbrochen nur von den schlank aufstrebenden Diensten, die ohne Kapitelle von den Säulen zum schlichten Kreuzgewölbe überleiten.

St.-Jakobs-Kirche: Langschiff und Chor mit Zwölfbotenaltar und bunten mittelalterlichen Fenstern

Kunstwerke im Kircheninnern

Unter der Empore finden wir im südlichen Seitenschiff eine Darstellung des Propheten Elias. Auf dem Weg in Richtung auf den Chor folgen an der Außenwand die Rückseiten eines ehemaligen Flügelaltars, eine Grabplatte und, an der Öffnung zur Spörleinkapelle, eine spätgotische Muttergottesfigur. Die folgende Kapelle ist dem großen Bürgermeister Heinrich Toppler (gest. 1408) gewidmet, der dieser Kirche bedeutende Schenkungen hinterlassen hat.

Vorbei an einer Jakobsfigur und dem Hornburgepitaph, treffen wir am Ende des Seitenschiffs auf den Maria-Krönungs-Altar. Das Kunstwerk entstand um 1520 durch die Hand eines unbekannten Meisters, wahrscheinlich aus der Riemenschneiderschule. Im Schrein ist die Krönung Marias dargestellt, darunter – in der Predella – Marias Tod, der bis ins kleinste Detail eine alte Bauernstube darstellt. Auf den Flügeln sind Anna Selbdritt (Anna, Maria und Jesus, häufige Darstellung des späten Mittelalters) und Maria mit Kind dargestellt. Der gotische Rahmen mit dem Gesprenge wurde viele Jahre separat gelagert und schmückt erst seit einiger Zeit den Altar wieder.

Die erste Säule schmücken vier bemerkenswerte Steinplastiken der Heiligen Christopherus, Georg, Johannes der Täufer und Johannes der Evangelist.

Wir betreten den erhöhten Chorraum, entstanden zwischen 1311 und 1322 und damit ältester Bauteil des Gotteshauses. In Höhe der Stufen empfängt uns eine Petrusfigur. Das Chorgestühl fertigte ein Rothenburger Meister 1514 für die Angehörigen des Deutschen Ritterordens. Darüber hängen Gemälde mit ehemaligen Hauptpredigern der Jakobskirche nach der Reformation.

Beherrscht wird der Chorraum vom Hauptaltar der Kirche, dem herrlichen Zwölfbotenaltar, einem der bedeutendsten Hochaltäre Deutschlands. Er entstand 1466, finanziert durch großzügige Stiftungen. Die hervorragenden Plastiken im Schrein stammen von schwäbischen Meistern.

oben: Zwölfbotenaltar mit den Aposteln in der Predella
unten: Vorstellung des Jesuskindes im Tempel

Dabei beeindruckt vor allem das Kruzifix, umgeben von vier Engeln. Daneben erkennen wir nach links Maria, Jakobus (den Kirchenpatron) und Elisabeth, rechts Johannes, Leonhard und Antonius. Der Unterbau zeigt Jesus im Kreis seiner Jünger und gab dem Altar seinen Namen. Die Gemälde stammen sämtlich aus der Werkstatt von Friedrich Herlin, der hauptsächlich in Nördlingen arbeitete. Auf den Innenseiten der Flügel sind Bilder aus dem Leben

Mariens dargestellt: links Verkündigung und Heimsuchung, Christi Geburt und Beschneidung, rechts die Anbetung durch die Könige, Christus im Tempel sowie – auf zwei Tafeln – Mariens Tod. Die Außenseiten zeigen Tod und Legende des hl. Jakobus. Bei geschlossenen Altarflügeln ergibt sich die Reihenfolge der Darstellung:

Die Geburt Jesus, der Besuch der hl. 3 Könige

1. Predigt und Gefangennahme, 2. Hinrichtung und 3. Überführung des Leichnams in eine mittelalterliche Stadt. Es folgen Szenen aus der Jakobslegende: 4. Pilger, die zum Grab des Heiligen unterwegs sind. Der boshafte Wirt einer Herberge steckt heimlich einen goldenen Becher in eine Reisetasche. 5. Der Wirt zeigt den Pilger wegen Diebstahls an, der Becher wird gefunden, der Sohn des Pilgers opfert sich und wird gehenkt. 6. Der Vater findet seinen Sohn, den der hl. Jakobus gehalten hat, noch lebend am Galgen. Zusammen mit dem Richter geht er zur Herberge zurück. 7. Der Wirt erklärt, der Gehenkte sei ebenso tot wie die Hühner an seinem Bratspieß. Diese aber fliegen davon. 8. Der Henker führt den betrügerischen Wirt zum Galgen, der junge Pilger wird abgehängt und zieht mit seinem Vater heimwärts.

Tod der Maria

Jesus im Tempel

Besonders interessant ist das Stadtbild mit der Leiche des Heiligen. Es ist eine der ältesten naturgetreuen Darstellungen einer deutschen Stadt und zeigt den Marktplatz Rothenburgs mit dem Rathaus, wie es vor dem Brand im Jahr 1501 aussah.

Den östlichen Abschluss des Chors bilden drei wertvolle 17 m hohe Glasgemälde, die bei Morgensonne ihre Farbenpracht besonders eindrucksvoll zur Geltung bringen. Das mittlere Fenster (um 1350) zeigt Szenen aus dem Leben und Leiden Christi, umrahmt von den Propheten. Auf dem rechten und dem linken Fenster (beide um 1400) sind das Erlösungswerk Jesu und das Leben der Maria dargestellt.

Über der nördlichen Reihe des Chorgestühls erkennen wir die Wappentafeln von Rothenburger Patrizierfamilien, die sich als Kirchenpfleger verdient machten. Der hl. Michael verabschiedet uns in Höhe der Stufen aus dem Chorraum.

Überführung des Leichnams des hl. Jakobus nach Santiago de Compostella

Links neben dem Hochaltar ist eine große und reichgegliederte Sakramentsnische in die Seitenwand des Chores eingebaut. In der vielfigurigen Anlage, die um das Thema Eucharistie – Altarsakrament kreist, nimmt die Darstellung der Trinität in Form des sog. Gnadenstuhls über der eigentlichen Nische (zur Aufbewahrung der liturgischen Gefäße) den Mittelpunkt ein. Das sehr bedeutende Bildhauerwerk, um 1377 entstanden, ist in seiner jetzigen Erscheinung leider nicht mehr vollständig erhalten.

Die erste Säule des Kirchenschiffs trägt vier Apostelfiguren. Die Kanzel an der nächsten Säule baute man 1854 ein. In die Außenwand sind in gleicher Höhe drei Epitaphien eingelassen. Ein heiliger Bischof und die beeindruckende

Reich gegliederte Sakramentsnische, um 1377 entstanden, mit den „Handtellern" zur Abbuße für den Schutz im Kirchenasyl

Darstellung eines Schmerzensmannes flankieren die Wörnitzer- und die Häutleinkapelle. Die Heiligen Matthias und Eustachius zieren die dritte Säule.

1968 weihte man die neue Orgel auf der Westempore, von Fachleuten aus aller Welt wegen ihres raumfüllenden Plenums und der prächtigen Wiedergabe der Einzelstimmen gerühmt. Sie verfügt über zwei Spieltische mit insgesamt 6 Manualen, 69 klingenden Registern und 5 500 Pfeifen. Den Besuch eines der zahlreichen Konzerte wird sich kein Freund der Orgelmusik entgehen lassen.

Der Heiligblutaltar

Wir steigen zum Westchor empor und lassen das wertvollste Ausstattungsstück der Kirche auf uns wirken: den Heiligblutaltar, eines der bedeutendsten Werke des berühmten Bildhauers und Bildschnitzers Tilman Riemenschneider (um 1460–1531).

Er entstand in den Jahren 1500–1504 im Auftrag des Rothenburger Rates, um der im Mittelalter verehrten Heilig-Blut-Reliquie einen würdigen Rahmen zu geben. In das vergoldete Kreuz (um 1270) ist nach der Überlieferung eine Bergkristallkapsel mit drei Blutstropfen Jesu eingearbeitet, der dem Altar seinen Namen gab. Der kunstvolle Altaraufbau entstand in der Werkstatt des Rothenburger Meisters Erhard Harschner.

Heiligblutaltar: Hauptbild mit Abendmahlszene. Im Mittelpunkt Judas, dem Christus den Bissen reicht

Die eindrucksvolle, plastisch in Lindenholz geschnitzte Abendmahlszene im Schrein zeigt unverkennbar die künstlerische Ausdrucksfähigkeit Riemenschneiders. In ihrem Mittelpunkt steht – herausgestellt und isoliert – Judas mit dem Geldbeutel, dem Christus den Bissen reicht mit den Worten: „Einer unter euch wird mich verraten".

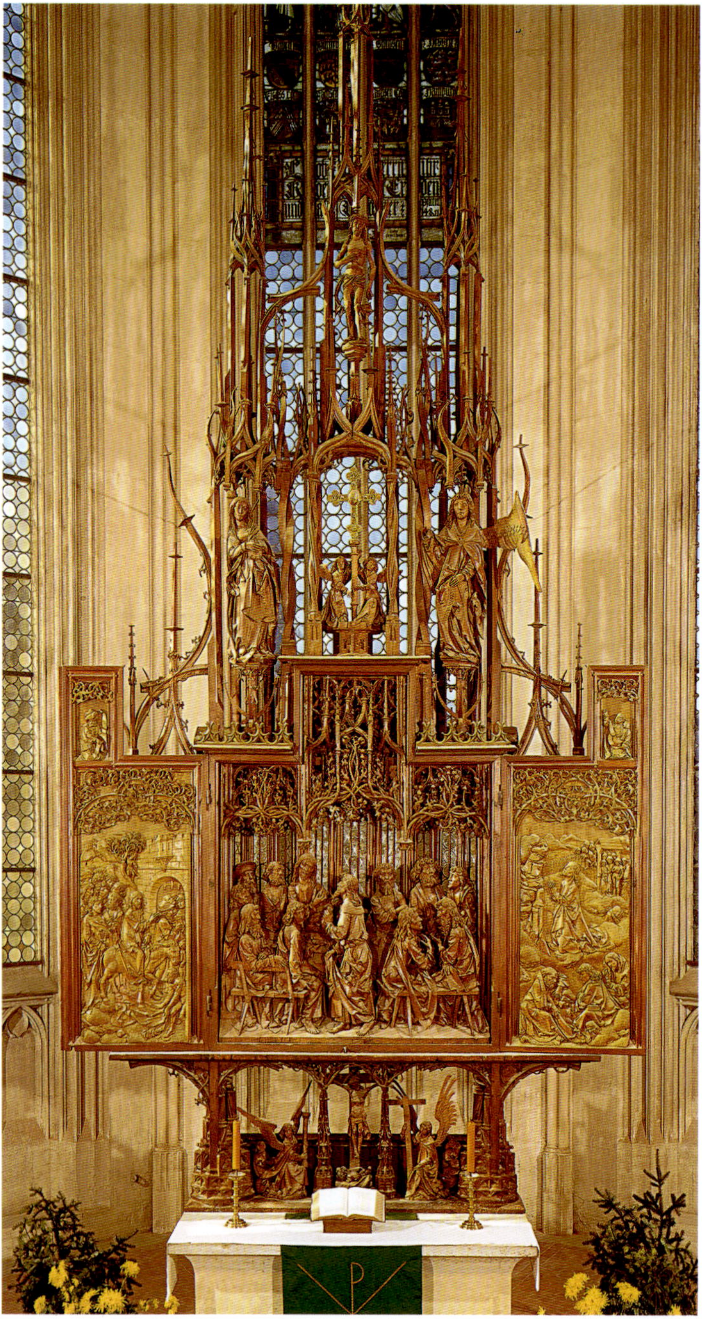

Heiligblutaltar, Meisterwerk Riemenschneiders: Im imposanten Gesprenge des Aufbaus ein vergoldetes Kreuz mit berühmter Rerliquie.

Heiligblutaltar: Szenen vom Ölberg und Einzug in Jerusalem

Die Jünger reagieren je nach Temperament bestürzt, ratlos oder durch erregtes Diskutieren. Nur Johannes ruht vertrauensvoll an der Brust des Herrn.

Die Butzenscheiben im Hintergrund unterstreichen die plastische Wirkung dieses Meisterwerks ebenso wie die Reliefs auf den Flügeln. Hier sind der Einzug Christi in Jerusalem und die Ölbergszene dargestellt: Im Vordergrund die schlafenden Jünger, in der Mitte der betende Jesus und im Hintergrund die in den Garten eintretenden Häscher, angeführt vom Verräter Judas.

Feuerleinserker, im Hintergrund die Jakobskirche mit Durchfahrt

Wir verlassen die Hauptkirche, biegen nach rechts und gehen in die Klingengasse, die unter der Empore der Kirche hindurchführt. Dort begegnen wir auf der linken Seite an einem hübschen Fachwerkhaus dem malerischen Feuerleinserker, mit der Jakobskirche im Hintergrund, eines der beliebtesten Motive Rothenburgs.

Beliebtes „Verkehrsmittel" in Rothenburg

9 Reichsstadtmuseum im Dominikanerinnenkloster

Unser Weg führt uns hinter dem Erker nach links in ein Seitengässchen auf den Klosterhof, der von einem mächtigen gelben Gebäude beherrscht wird. Wir stehen vor dem ehemaligen Dominikanerinnenkloster, welches zusammen mit der Jakobskirche und dem Rathaus zu den bedeutendsten Baudenkmälern der Stadt gehört. Es gründet auf einer Stiftung des Reichsküchenmeisters Lupold von Nordenberg im

Alte Klosterküche mit monumentalem offenem Kamin. Sie gilt als älteste noch erhaltene Küche Deutschlands

Jahre 1258. Als Adelsstift gelangte der Konvent besonders im 14. und 15. Jahrhundert durch die Mitgift der eingetretenen Nonnen zu bedeutenden Reichtümern. Zuständig für die Armenspeisung, dienten Drehladen als Ausgaben der Küche. Die noch erhaltene Klosterküche mit dem alten Herd lässt dies noch erahnen. Steuerbefreiung und keinerlei Einfluss innerhalb der Klostermauern waren die Streitpunkte, die immer wieder zu Konflikten mit der Stadt führten und in der Einkerkerung der Priorin im Jahre 1397 gipfelten. Die Auflösung des Klosters erfolgte 1544 im Zuge der Reformation. Sowohl unter städtischer Verwaltung bis zum Jahre 1806 als auch unter dem Königreich Bayern hat der Gebäudekomplex bauliche Änderungen erfahren. Der gravierendste Eingriff war wohl der Abbruch der Klosterkirche im Jahre 1812. Seit 1936 ist in den ehemaligen klösterlichen Wohn-, Schlaf- und Wirtschaftsräumen die bedeutendste Sammlung Rothenburger Kunst und Kultur aufgestellt; sie umfasst Gemälde, Skulpturen, Möbel, Waffen und Hausrat. Zu den wichtigsten Exponaten gehört die sogenannte Rothenburger Passion von Martinus Schwarz, ein Zyklus von 12 Tafelgemälden mit Szenen aus der Leidensgeschichte Christi (1494). Auch der originale gläserne Kurfürstenhumpen aus dem Jahre 1616 wird hier gezeigt, um den sich bis heute die Legende vom Meistertrunk rankt. Ein monumentaler Frühbarock-Schrank repräsentiert darüber hinaus in hervorragender Weise das kunsthandwerkliche Können im 17. Jahrhundert. In der Gemäldegalerie ist unter anderem die Sammlung des englischen Malers Arthur Wasse (1854–1930) zu sehen, der in einer ganz besonders romantisierenden Weise die verschiedenartigsten Stimmungen der Stadt eingefangen hat. Über die Galerie gelangen wir in die baugeschichtlich bedeutendsten Räume des Klosters. Sie sind seit der letzten Restaurierungskampagne, die bis 1992 gedauert hat, wieder zugänglich. Im Kaminraum und der Gelehrtenstube sehen sie Rollwerkmalereien des 16. Jahrhunderts; im Winterrefektorium eine halbtonnengewölbte Bohenbalkendecke aus der Zeit um 1360 und im barocken Festsaal eine farbige stuckierte Decke (1724–1730) mit mythologischen und allegorischen Darstellungen.

Geldkasten – Eisen, Fichtenholz, 2. Hälfte des 16. Jh.

Bahrtuchschild der Schäfer

Radschlossbüchse – Süddeutschland, datiert 1592

Zunftlade der Bäcker

Zunftzeichen der Brauer

Aufsatz des Pokals der Rothenburger Krämergesellschaft

Pulverflasche aus dem Jagdensemble der französischen Königin Marie Antoinette, 1755–1793

Reichsstadtmuseum

Öffnungszeiten:
April bis Oktober täglich 10 – 17 Uhr,
November bis März 13 – 16 Uhr

INFORMATION

10 Das Klingentor

Wir verlassen das Reichsstadtmuseum und gehen die Klingengasse Richtung Norden dem Klingentor entgegen. Die Befestigung an der Nordwestecke war das Klingentor. Der statliche Torturm mit den hohen Erkern ist mehr als 30 m hoch. Ebenso wie die anderen Turmbauten der erweiterten Stadtbefestigung, Strafturm, Galgentor, Rödertor, Kobolzellertor, stammt er aus dem Ende des 14. Jahrhunderts.

Im 16. Jahrhundert wurde ein Kupferkessel als Wasserspeicher oben eingebaut, der zahlreiche Röhrenbrunnen der Stadt versorgte (z. B. Kappelplatzbrunnen). Das Quellwasser wurde unter der Tauber durchgeleitet und mit Tauberwaser über das Pumpwerk der Bronnenmühle in den Klingenturm gepumpt.

Vor diesen Turm wurde um 1500 eine Bastei als Verstärkung der Stadtbefestigung gebaut, der die St.-Wolfgangskirche als Teil der Außenbefestigung integriert hat. An der Außenwand der Kirche sehen wir statt der Kirchenfenster Schießscharten – hinter dem massiven Mauerwerk waren also Verteidigungsstellungen.

Beim Rundgang können diese Wehrgänge und die mächtige Dachkonstruktion und die Kanonenböden sowie die alten Wasserleitungen noch besichtigt werden. Vor dem äußeren Torturm mit seinem Fachwerkaufbau sorgte eine Zugbrücke für zusätzlichen Schutz.

Die Klingengasse mit dem Klingentor

Im äußeren Torturm befindet sich das Schäfertanzkabinett. Der heilige St. Wolfgang war der Schutzpatron der Schäfer und früher fanden hier die Festgottesdienste der Schäfer statt und anschließend wurde gefeiert und getanzt. Daran erinnert heute noch der Schäfertanz, der mehrmals im Jahr aufgeführt wird.

Der Feuerleinserker (um 1600) – in der Klingengasse

Klingenschütt am Schrannenplatz

Bäuerliches Museum Klingengasse

Geöffnet: täglich Ostern bis 31. Oktober von 10 – 18 Uhr, während des Weihnachtsmarktes Sa., So. 10 – 17 Uhr

11 Die St.-Wolfgangs- oder Schäfer-Kirche

Die spätgotische Festungskirche wurde ab 1475 auf einem Betplatz der Schäfer errichtet. Der hl. Wolfgang war der Schutzpatron ihrer Gilde, der ihre Herden vor reißenden Wölfen bewahren sollte. Er ist zwischen den Portalen und dem Kruzifix in einem Relief dargestellt. Das Kircheninnere lässt sich in einer Führung erkunden. Der Aufbau des Hochaltars zeigt den hl. Wolfgang, flankiert von St. Sebastian und St. Rochus. Auf den Flügeln finden wir Bilder aus der Legende der 3 Heiligen. Der Wendelin- und der Marienaltar vervollständigen zusammen mit den herrlichen Netzgewölben das gefällige Kircheninnere. Die Gemälde auf den Flügeln des Hoch- und des Marienaltars wurden 1514/15 vom Rothenburger Maler Wilhelm Ziegler geschaffen.

St.-Wolfgangs- oder Schäfer-Kirche: Festungskirche (15. Jh.), deren Außenwand zur Stadtbefestigung gehörte. Links der äußere Torturm der Klingenbastei mit der Wachstube

Eine Steintreppe in der starken Nordmauer nahe dem Hauptaltar führt zu den gewölbeartigen Wehrräumen unter dem Gotteshaus. Die Wendeltreppe in der entgegengesetzten Ecke bildet den Aufgang zum äußeren Torturm mit der Wachstube und zum Wehrgang in der Nordwand der Kirche.

St.-Wolfgangs-Kirche: Spätgotische Netzgewölbe überspannen den Innenraum mit seinen 3 Altären

Wir verlassen die Wolfgangskirche und biegen vor dem Klingentor rechts ab. Vorbei am Strafturm, entlang der Wehrmauer und dem ehemaligen Dominikanerinnenkloster führt uns der Weg durch eine Seitenpforte in das Gelände der ehemaligen Burganlage, heute Burggarten genannt.

St.-Wolfgangs-Kirche

Öffnungszeiten:
April bis September 11 – 13 Uhr und 14 – 17 Uhr, Oktober 11 – 13 Uhr und 14 – 16 Uhr, Dienstags geschlossen.

INFORMATION

12 Das Burgtor

Das Burgtor ist der größte und älteste Torturm Rothenburgs (12. Jahrhundert). Vom mittleren Torhaus führte einst eine Zugbrücke über den Graben ins Burggelände. Das mit Stadt-, Habsburger- und Stauferwappen geschmückte Vortor mit den beiden Wach- und Zollhäuschen wurde erst ab 1460 hinzugefügt. Das innere Holztor ist datiert auf 1555. Nachts wurde nur die kleine Pforte im großen Tor geöffnet, um Überfälle zu verhindern.

Burgtor: Größter und ältester Torturm Rothenburgs (14. Jh.). Vortor mit Wach- und Zollhäuschen aus dem 16. Jahrhundert

links: Der mächtige Strafturm an der Nordwestflanke der Stadtmauer

13 Im Burggarten

Auf dieser ins Taubertal hinausragenden Bergnase, heute eine gepflegte Parkanlage mit herrlichen Ausblicken, ist der Ursprung Rothenburgs zu suchen. Hier stand zuerst die alte fränkische Burg der Grafen von Rothenburg, vermutlich im 10. Jh. begonnen.

Nach dem Aussterben des Geschlechts bauten die Hohenstaufen die Burg weiter aus und ließen eine noch größere Anlage, die „Reichsburg" im vorderen Teil des heutigen Burggartens errichten. Durch die Ansiedlung von Handwerkern und Bediensteten entstand in ihrem Schutz im 12.–14. Jahrhundert eine wachsende Kommune. 1274 wurde Rothenburg eine freie Reichstadt.

Anfang des 15. Jahrhunderts umfasste das Gebiet eine Gesamtbevölkerung von rund 20 000 Einwohnern, aufgeteilt auf die Stadt und fast 170 Dörfer auf ca. 400 qkm. Von der natürlichen Aussichtsterrasse blicken wir weit hinunter ins Taubertal mit den zahlreichen Mühlen, die zum Teil heute noch arbeiten, und dem alten Dörfchen Detwang.

Blick vom Burggarten auf den südlichen Teil der Stadt

Blumenpracht im Burggarten

Die der Bergnase gegenüberliegende Anhöhe heißt Engelsburg, weil dort vor etwa 2000 Jahren ein keltischer Wall – eine Fliehburg – aufgeworfen wurde. Von dort hat man den wohl umfassendsten Überblick über die gesamte mittelalterliche Stadt. Hier fertigte der berühmte Radierer Merian (1593–1650) seine Stadtansicht.

Links sehen wir die westliche Stadtbefestigung bis hin zum Klingentor, rechts bis zum Stöberleinsturm im „Kappenzipfel“.

14 Die Blasiuskapelle

Nur ein Gebäude der Reichsburg überstand teilweise das Erdbeben von 1356. Die Blasiuskapelle, die auch das „Hohe Haus der Herzöge" genannt wurde, ist erhalten geblieben. Die Wandmalereien der staufischen Kapelle stammen aus der Zeit des Wiederaufbaues um 1400. Heute dient die Kapelle als Gedächtnisstätte für die Gefallenen der beiden Weltkriege und davor erinnert ein Gedenkstein an die jüdische Gemeinde. Die letzten Überreste der Burgenbaukunst in der hochromanisch-staufischen Zeit Rothenburgs sind die riesigen Buckelquader. Die Bürger Rothenburgs verwendeten das Gestein der anderen Gebäude für die Erstellung ihrer Häuser und Wehranlagen.

Wir verlassen die Blasiuskapelle und begeben uns zurück in Richtung Burgtor.

Die zum Teil romanische Blasiuskapelle

15 Die Herrngasse

Wir gehen duch das Burgtor in die Stadt zurück. Das erste Gebäude auf der linken Seite ist das vielgerühmte Puppentheater, Köhlers „Figurentheater für Erwachsene".

Herrngasse: Stolze Patrizierhäuser säumen Rothenburgs breiteste Gasse. Im Vordergrund der Herrnbrunnen

Die Herrngasse, gesäumt von stolzen Patrizierhäusern, stellt eine Verbindung vom Burggarten zum Rathaus her. Sie wird auch Herrnmarkt genannt. Dort wurde der Pferde- und Viehmarkt abgehalten, ein Vorrecht der Patrizier.

Figurentheater am Burgtor

Öffnungszeiten:
Juni bis September täglich 15 u. 20 Uhr, So. geschlossen; Oktober bis April tägl. 20 Uhr, Sa. 15 u. 20 Uhr, So. geschlossen.

Romantischer Innenhof des Staudt'schen Patrizierhauses mit mehrstöckigen Galerien

Keiner der Giebel gleicht dem anderen. Über den Speicherluken ragt ein Balken heraus, der das Heraufziehen von Lasten erleichterte. In Not- und Kriegszeiten mußte jeder Haushalt eine vorgeschriebene Menge an Lebensmitteln und sonstige Bedarfsgüter „speichern". Inschriftentafeln dokumentieren, dass Kaiser und Könige in diesen ehrwürdigen Bauten übernachtet haben.

Der „Herrnbrunnen" in der Mitte der Gasse wurde 1595 angelegt. Wegen ihrer hohen Lage über der Tauber baute die Stadt zahlreiche Brunnen. Die Lage der Zuleitungen von außerhalb wurden streng geheimgehalten und waren nur dem Bürgermeister und dem Rat der Stadt bekannt. Das war wichtig, weil der Feind das Wasser während einer Belagerung abgraben oder vergiften konnte.

Die Häuser Nr. 11 und 15 haben ihre romantischen Innenhöfe ebenso erhalten wie das gegenüberliegende Staudtsche Haus mit den kunstvollen Fenstergittern. Es beherbergte die Kaiser Karl V. und Ferdinand I., Königin Eleonore von Schweden und die Gattin Gustav-Adolfs. Der reizvolle Innenhof mit Galerien, Erker und Treppenturm ist wohl der schönste Rothenburgs. Eine spiralförmige nach oben gezogene, mächtige Holztreppe verbindet die Stockwerke im Innern des Gebäudes, das noch heute von der Familie von Staudt bewohnt wird. Ahnenbilder aus vier Jahrhunderten zeugen von der Tradition der alten Patrizierfamilie.

Staudtscher Patrizierhof

Öffnungszeiten bitte bei Gunther und Christian von Staudt Telefon: 0 98 61/9 29 42 erfragen.

16 Die Franziskanerkirche

Die hochgotische Franziskanerkirche auf der anderen Straßenseite gehörte zum 1281 gegründeten Kloster des Bettelordens. Die schlichte Basilika wurde 1309 geweiht. Eine Holzbrüstung, Lettner genannt, trennt den Chorraum, früher Sitz der Mönche, vom Schiff, dem Raum für die Laien.

Franziskanerkirche mit dem Franziskusaltar von Tilman Riemenschneider

Die teilweise unkenntlich gewordenen Bildwerke darauf zeigen den Leidensweg Christi und stammen aus dem 14. Jahrhundert. Im Fußboden und an den Wänden des Gotteshauses befinden sich zahlreiche Grabsteine und Bronzewappen der Rothenburger Patrizierfamilien und des

Das Innere der Franziskanerkirche, der ältesten Kirche Rothenburgs (geweiht 1309), Blick auf den Lettner

benachbarten Landadels. Auch Dietrich von Berlichingen, der Großvater des berühmten Götz, wurde hier beigesetzt.

Besonders beachtenswert ist das Grabmal für Hans von Beulendorf und seine Gemahlin Margreth am nördlichen Pfeiler vor dem Lettner.

Des weiteren ist in der Kirche der kunstvolle Franziskusaltar mit einer Darstellung der Stigmatisation des hl. Franz von Assisi – ein Werk Riemenschneiders – aufgestellt. Die anschließenden Klostergebäude beherbergen nun das Goetheinstitut, in welchem Ausländern die deutsche Sprache vermittelt wird.

Das Goetheinstitut versteht sich heute auch als internationales Kultur- und Begegnungszentrum mit zahlreichen Veranstaltungen.

Franziskusaltar von Tilman Riemenschneider (1490): Der Heilige Franziskus und sein Mitbruder Leo während der mystischen Christusoffenbarung

17 Das Puppen- & Spielzeugmuseum

Beim Herterichsbrunnen führt die malerische Hofbronnengasse zum Puppen- & Spielzeugmuseum. Ganz in der Nähe des Marktes, nur ein paar Schritte vom Marktplatz talabwärts am Georgsbrunnen vorbei, beginnt die Hofbronnengasse, wo sich rechts ein wenig versteckt der Hofbronnen befindet, der der Gasse ihren Namen gab.

Das zweite und dritte Haus in der Hofbronnengasse 11–13 beherbergt eines der schönsten Spielzeugmuseen im europäischen Raum. Es ist lohnenswert sich ein wenig Zeit zu

von links nach rechts: Der Hofbronnen in der Hofbronnengasse.
Antiquitätenlädchen, um 1920.
3 Charakterpuppen – stehend: Schildkröt Serien Nr. 727,
sitzend links: Charakterpuppe von SFBJ, Paris,
sitzend rechts: Charakterpuppe von Krämer & Rheinhard Serie 126.
Interieur Schlosssaal Petit Trianon.

Puppenmuseum & Spielzeugmuseum

Hofbronnengasse 11–13
Telefon: 0 98 61/73 30

Öffnungszeiten:
täglich 9.30 – 18 Uhr, Januar und Februar 11 – 17 Uhr

nehmen, um sich in die Traumwelt der vergangenen Kindheit entführen zu lassen. In zwei denkmalgeschützten Häusern aus dem 15. und 17. Jahrhundert wurde 1984 das private Spielzeugmuseum gegründet.

200 Jahre Spielzeuggeschichte – weit über 1000 Puppen, aus deutschen, französischen außereuropäischen Manufakturen sind in spielerischen Szenen liebevoll aufgestellt. Beachtenswert sind die vielen Accessoires, die das ganze Ambiente noch reizvoller machen. Puppenstuben, Küchen und Kaufläden sowie wundervolle bezaubernde Puppenhäuser zeigen die Lebensgewohnheiten unserer Vorfahren.

Doch auch Blechspielzeug, Eisenbahnen, Theater, Bauernhöfe, Cirkus, Karussells, Jahrmarkttreiben, handgeschnitztes Holzspielzeug sowie tausende liebenswerte Miniaturspielzeuge einer längst verflossenen Kinderwelt, „Kulturgeschichte en miniature" wird hier lebendig.

Im Laufe des Jahres gibt es immer wieder Sonderausstellungen zu verschiedenen Themen. Der Besuch dieses Museums ist unbedingt zu empfehlen.

Nur wenige Meter vom Puppen- & Spielzeugmuseum befindet sich talabwärts das Kriminalmuseum.

18 Mittelalterliches Kriminalmuseum

Öffentliche Bestrafungen im Mittelalter

Das Museum ist das einzige Rechtskundemuseum im europäischen Raum, außerdem die bedeutendste Rechtsgeschichtssammlung die es gibt. Hier wird in 4 Etagen auf 2000 m^2 und in über 130 Vitrinen ein einzigartiger und umfassender Einblick in die über 1000 Jahre alte Rechtsgeschichte gezeigt. Dargestellt wird die Entwicklung der Gesetzgebung bis zum 19. Jahrhundert. Der Ablauf des mittelalterlichen Strafprozesses, Instrumente der Folter und Geräte zum Vollzug der Leibes- und Lebensstrafen werden gezeigt, ebenso die für den Betrachter teilweise erheiternden Geräte zum Vollzug der Ehrenstrafen, die Halsgeigen für zänkische Frauen, Schandmasken oder Pranger. Untrennbar vom Recht sind Urkunden und die zu ihrer Rechtswirksamkeit notwendigen Siegel. Zahlreiche Urkunden zeigen welche Mühe man zu ihrer Gestaltung aufwandte. Breiten Raum nehmen die Kupferstiche und Holzschnitte von Aufsehen erregenden Kriminalfällen ein.

Tauchgestell: Bäckerstrafe für zu kleines und zu großes Brot

Die Polizeiordnungen zeigen wie durch Kleider-, Hochzeits- oder Taufordnungen bis in den privatesten Bereich hinein regiert wurde. Zu erwähnen sind Münzen und Medaillen zur Erinnerung an Gesetzgebung oder berühmte Rechtsfälle, die Rechtssymbolik, Redensarten unserer Umganssprache, die ihren Ursprung im Recht haben und die Karikaturen über Justiz und Verwaltung. Die Häuser und Mauern der Stadt zeigen dem Besucher wohl den Lebensraum unserer Vorfahren, sie sagen aber wenig aus über die rechtlichen Verhältnisse unter denen sie lebten. Das Mittelalterliche Kriminalmuseum gibt Antwort auf die sich hierzu aufdrängenden Fragen.

links:
Eiserne Jungfrau, eisenbeschlagener Schand- und Strafmantel für Frauen und Mädchen, 16. Jahrhundert, innen besetzt mit Nägeln

rechts: Szene am Pranger

1

2

3

4

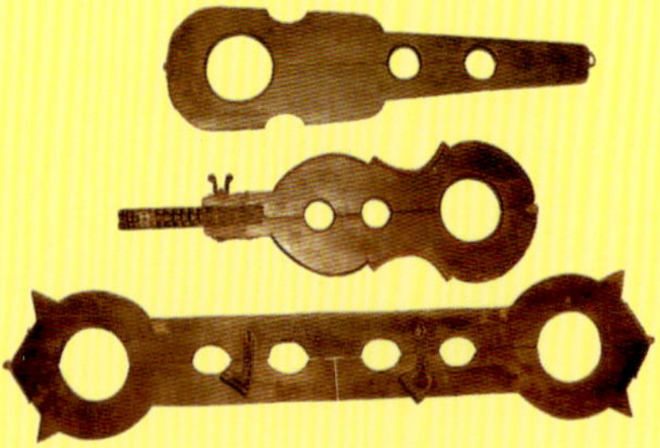

5

7

6

1.Rosenkranz, Strafe für säumige oder schlafende Kirchgänger – 2. Schandmaske für Frauen, Zunge und Ohren kennzeichnen die Schwatzsucht – 3. Rad zum Vollzug der Todesstrafe durch Rädern – 4. Stachelstuhl, Folterinstrument aus der Zeit der Hexenprozesse – 5. Halsgeigen, für schlechte Frauen und Mädchen, unten doppelte Halsgeige für zwei zänkische Frauen – 6. Scharfrichter-Henkermaske – 7. Handeisen mit Fingerschraube –

8. Narrenhaus – 9. Keuschheitsgürtel – 10. Halseisen mit Handfessel und Kette – 11. Bäckerstuhl – zum Untertauchen ins Wasser für zu klein gebackenes Brot – 12. Schandmaske für böse Frauen – 13. Trinkertonne für notorische Wirtshaushocker – 14. Schandflöte für schlechte Musiker – 15. Verhörtisch mit Fingerschrauben

19 Die Johanniskirche

Wir sind nur noch wenige Meter von der gotischen Johanniskirche entfernt. Bei ihrer Errichtung (um 1400) wurden Teile der ältesten Stadtbefestigung in das Mauerwerk einbezogen. An der Giebelseite erkennen wir noch eine der Türangeln für das einstige Stadttor, das „Johannistor", welches nach der ersten Stadterweiterung überflüssig geworden war.

Brunnen bei der Johanniskirche

20 Plönlein und Siebersturm

Von der Johanniskirche kommend gehen wir weiter in die Untere Schmiedgasse nach rechts und stehen kurz darauf auf dem berühmten Plönlein (ursprünglich „Plänlein" = kleiner Platz).

Plönlein, eines der schönsten mittelalterlichen Stadtbilder in Deutschland

Die Straßengabelung gibt den Blick auf eines der reizvollsten Städtebilder Deutschlands frei: Das malerische Fachwerkhaus mit dem Brunnen davor wird von Siebersturm und Kobolzeller Tor flankiert. Fachwerkgiebel und schmiedeeiserne Gasthofschilder bilden den Rahmen dieser harmonischen Komposition.

Der Siebersturm in der Spitalgasse ist an der Außenseite mit trutzigen Buckelquadern bewehrt. Im 12. Jahrhundert hatte das Johannitertor die südliche Stadteinfahrt gebildet.

Nachdem sich aber immer mehr Handwerker am Rand der aufblühenden Stadt angesiedelt hatten, ging man bereits im Jahr 1204 daran, die neuen Wohnviertel in den Schutz der Befestigung einzubeziehen.

Auch nach Süden wurde sie um einige hundert Meter erweitert, den Abschluss bildeten der Siebersturm sowie – gegen das Taubertal – das Kobolzeller Tor.

Siebersturm (13. Jh.), vom Spitalviertel (Kappenzipfel) gesehen. Vor der 2. Stadterweiterung Wehrturm nach Süden

Weißer Turm

Kobolzeller Tor

Klingenturm

Galgentor

Röderturm
Alte Schmiede

Siebersturm

Markusturm
Röderbogen

Burgtor

21 Das Kobolzeller Tor

Im Innenhof des Kobolzeller Tors

Kobolzeller Tor: Am Außentor Wappen der Freien Reichsstadt (Reichsadler) und Stadtwappen

Seine Befestigungsanlage sicherte die Auffahrt über die „Steige" vom Taubertal herauf. Durch den inneren Torturm gelangen wir in die viereckige Bastei mit der zinnenumrahmten „Teufelskanzel" als Ausguck. Das wappengeschmückte äußere Tor ist durch den danebenstehenden Kohlturm zusätzlich gesichert und umschließt den Zwinger. Wegen des abschüssigen Geländes hatten es die Baumeister nicht gewagt, den Turm – wie sonst üblich – über die Einfahrt zu stellen. Im Zwingerbereich befinden sich noch Gebetsstationen des Kreuzweges vom ehemaligen Wallfahrtsweg hinauf in die Stadt.

Gehen wir einige Schritte die Straße hinunter, so haben wir einen reizvollen Blick auf dieses wuchtige Bollwerk und den Siebersturm im Hintergrund.

22 Die Roßmühle

Der Weg oberhalb der Bastei führt uns zur Roßmühle, einem gedrungenen Bau mit stützenden Strebepfeilern. Fiel in Kriegszeiten oder bei Wassermangel die Mehllieferung von den zahlreichen Mühlen im Taubertal aus, so wurden hier innerhalb der Stadtmauern 16 Pferde eingespannt: Sie trieben, im Kreis herumlaufend über ein Göpelwerk die 4 Mahlgänge. Auf der Rückseite der heutigen Jugendherberge finden wir die Reste einer Linde von 1587.

Roßmühle, ehemals mit 4 Mahlwerken, von 16 Pferden angetrieben. Heute Jugendherberge

Speisesaal der Jugendherberge

In diesem Bereich ist der überdachte Wehrgang bis hin zum Kobolzeller Tor begehbar, als einziges noch begehbares Teilstück gegen das Taubertal. An der Rossmühle ist auf dem Wehrgang durch eine kleine Türöffnung noch ein doppelsitziges Abort zu sehen.

23 Hegereiterhaus und Spitalhof

Unser Weg führt uns weiter zum Spitalhof, der von dem eigenwilligen Hegereiterhaus in seiner Mitte beherrscht wird. Mit seinem spitzen Zeltdach und dem runden Treppenturm mit der zierlichen Laternenhaube wirkt es als reizvoller Kontrast zu den fast nüchternen Zweckbauten seiner Umgebung. Ebenso wie das Hauptgebäude wurde es von Baumeister Weidmann geschaffen.

Hegereiterhaus: Wohnung für die Bereiter der Spitalgüter (1591)

Während im Untergeschoss die große Spitalküche eingerichtet wurde, diente das Obergeschoss als Wohnung für die Bereiter der zahlreichen Spitalgüter. Im Hauptbau mit der Giebelseite zur Straße war bis zur Reformation die Spitalverwaltung des Heilig-Geist-Ordens und anschließend bis 1948 das Krankenhaus untergebracht. Heute werden die Gebäude als Altersheim genutzt. Hinter dem kunstvollen schmiedeeisernen Gitter an der Nordseite verbirgt sich die Brunnenanlage im ehemaligen Keller- und Backhaus, das heute renoviert als Jugendherberge dient. Nach links schließt sich das „Pesthaus" mit seinen Isolierzellen an.

24 Der Stöberleinsturm

Beinahe zierlich wirkt der sagenumwobene Stöberleinsturm mit seinen malerischen Eck-Erkern. Der Spitalkomplex „Zum Heiligen Geist“ entstand ab 1280, als die Stadt, wie zu jener Zeit üblich, ein Krankenhaus außerhalb der Mau-

Der sagenumwobene Stöberleinsturm

ern erbaute. Mehrere Stiftungen zu Beginn und zahlreiche Schenkungen in den folgenden Jahrhunderten ermöglichten den Ordensmitgliedern eine geordnete Kranken- und Armenpflege. Daneben verwalteten sie die Spitalgüter und nahmen – bis zur Einbeziehung in die Stadtbefestigung – Reisende zur Übernachtung auf, die wegen Einbruch der Dunkelheit nicht mehr in die Stadt eingelassen worden waren.

25 Die Spitalkirche

Bereits im Jahre 1281 legte man den Grundstein für die gotische Spitalkirche.

Hauptaltar der Spitalkirche, Kruzifix mit Maria und Johannes

Die wertvollen Figuren des 1953 zusammengestellten Altars stammen aus der ersten Hälfte des 15. Jahrhunderts: ein hölzernes Kruzifix, flankiert von den steinernen Figuren des Johannes und der Maria.

Eine der Grabplatten hinter dem Altar gilt Graf Otto von Flügelau (gest. 1317), einem der Stifter der Kirche.

Die Mariendarstellung an der rechten Seite des Chores stammt etwa aus der gleichen Zeit.

Marienfigur, 14. Jh.

Spitalkirche (ab 1281): Rechts vom Hauptaltar die Kanzel, links der Taufstein und das Sakramentshäuschen

Das Sakramentshäuschen gegenüber (um 1390) zeigt rechts und links der Tür die Verkündungsszene mit Maria und dem Engel Gabriel. Über der Tür schwebt das Christuskind auf einem Regenbogen, der Brücke zwischen Gott und Menschen, zur Maria. Über allen aber steht Christus. Die Nische diente früher zur Aufbewahrung des Abendmahlweins und der Hostien.

Sakramentshäuschen um 1390 – 1400. Restaurierungsinschrift „Anno Domini 1625" über älterer Inschrift, oben der Schmerzensmann

26 Die Reichsstadthalle

Den Abschluss des geräumigen Spitalbezirks bildet die mächtige Zehntscheune aus dem Jahr 1699. Zum Europäischen Denkmalschutzjahr 1975 wurde sie in einen modernen Tagungsort umgebaut, die heutige Reichsstadthalle. In historischem Rahmen können hier 150 bis 500 Personen bewirtet oder – bei Reihenbestuhlung – 600 Personen untergebracht werden. Wir verlassen das Gebiet des Heilig-Geist-Spitals an der Südostecke und gehen auf das südliche Stadttor zu.

Spitalbastei: Mächtigstes Bollwerk der Stadtbefestigung (16. Jh.) mit sieben Toren, Fallgittern, Zugbrücke und befahrbarem Wallgang

27 Die Spitalbastei / Der Faulturm

Geschützboden mit alten Kanonen

Sie ist die jüngste Befestigungsanlage der Stadt und wurde erst im 16. Jahrhundert von Leonhard Weidmann vollendet. Die zwei hintereinandergereihten Basteien ergeben die Form einer Acht. Sieben Tore, zum größten Teil mit Fallgittern gesichert, die Zugbrücke am Eingang und der von Geschützen befahrbare Wallgang über den trutzigen Buckelquadern machten die Spitalbastei zum mächtigsten Bollwerk Rothenburgs. Die Inschrift im Schlussstein des äußeren Torbogens: „Pax intrantibus, Salus exeuntibus" (Friede den Eintretenden, Heil den Hinausgehenden) steht nur scheinbar im Gegensatz dazu.

Außenansicht der Spitalbastei

Der Wallgang wurde in jüngster Zeit wieder hergerichtet und ist zur Besichtigung freigegeben. Der Abenteuerspielplatz im Wallgraben bietet Kindern und ihren Begleitern Gelegenheit, sich nach stundenlangem Pflastertreten in geschichtsträchtiger Umgebung ein wenig zu erholen.

Der Faulturm

Am Torturm der Spitalbastei gehen wir auf den Wehrgang, vorbei am mächtigen Faulturm. Nach der Legende ist der Turm ebenso tief wie hoch und diente in seinem unteren Teil als Hungerturm, wo die Reste der Verbrecher faulten.

Die Stadtmauer mit dem imposanten Faulturm, welcher der Beobachtung des Geländes zwischen Röder- und Spitalbastei diente

28 Alte Schmiede und Wehrgang

Der Gang über die Stadtmauer gewährt Ausblicke über die Schießscharten und Einblicke in die verwinkelten Hinterhöfe und Gärtchen. Eng aneinander und an die Stadtmauer geschmiegte Häuser machen deutlich, wie knapp der Platz innerhalb der schützenden Mauer war.

Blick vom Röderturm auf die Stadtmauer mit Wehrgang

Romantischer Fachwerkgiebel an der Stadtmauer mit dem Wehrgang. Im Hintergrund der Röderturm und links davor die Alte Schmiede/Gerlachschmiede

Bald passieren wir einen steilen Fachwerkgiebel, die reizende „Alte Schmiede“. Namenstafeln zwischen den Schießscharten nennen Stifter, die zum Wiederaufbau und zum Erhalt der Stadtmauer nach dem letzten Krieg beitrugen.

Überdachter Wehrgang und Stadtmauer

Alte Schmiede

Auch heute wieder sucht Rothenburg Spender, die mit etwas finanziellem Einsatz zur Erhaltung der Stadtmauer beitragen. Als Gegenleistung bringt die Verwaltung Tafeln mit ihren Namen am jeweiligen Mauerabschnitt an.

29 Das Rödertor

Beim folgenden Torturm, dem Rödertor, steigen wir den Wehrgang hinab und umgehen die Bastei. Der Wehrgang ist hier durch einen parallel laufenden „Zwinger“ verstärkt.

Rödertor: Bastei mit doppelter Grabenanlage, drei Torbogen und Zwinger vor dem Haupttor. Vorn Zoll- und Wachhäuschen

Das Haupttor wurde 1615 durch eine Bastion mit doppelter Grabenanlage, Zugbrücke und drei Torbogen gesichert. Ähnlich wie beim Burgtor sind außen zwei Wach- und Zollhäuschen vorgesetzt.

Der Hauptturm ist zu besteigen und ermöglicht eine prächtige Aussicht auf das Gewirr der Dächer und der ständig belebten Altstadtgassen.

Blick vom Röderturm über die Dächer der Stadt Richtung Jakobskirche

Blick vom Röderturm nach Süden ins Spitalviertel dem sogenannten Kappenzipfel

Röderturm

Öffnungszeiten:
täglich je nach Witterung 9 – 18 Uhr,
Dezember bis Februar geschlossen,
Weihnachtsmarktzeit ausgenommen.

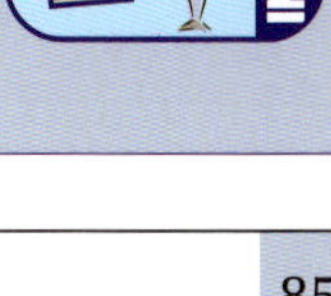

30 Markusturm und Röderbogen

Durch die Rödergasse stadteinwärts gehend gelangen wir zum Markusturm, der mit dem Röderbogen ebenfalls zur ältesten Stadtbefestigung gehört. Unter dem später aufgesetzten steilen Walmdach erkennen wir noch die Umrisse des ursprünglichen Zinnenkranzes. Das Büttelhaus hinter dem Röderbogen wurde bis ins 18. Jahrhundert als Gefängnis benutzt und beherbergt heute das Stadtarchiv. Der Röderbogen mit dem lanzenartigen Turmaufsatz und der mächtige Markusturm ergeben zusammen mit dem schlichten Renaissancebrunnen und den weinberankten Fachwerkhäusern der Rödergasse eines der reizvollsten Bilder Rothenburgs.

Wer noch Lust hat sollte nicht vergessen, vor dem Röderbogen links in den alten Stadtgraben einzubiegen, um hier das „Alt-Rothenburger Handwerkerhaus, Nr. 26", zu besichtigen.

Markusturm mit dem Röderbogen und dem Büttelhaus

HOTEL
MARKUS
TURM

31

Das Alt-Rothenburger Handwerkerhaus

Es wurde zwischen 1270 und 1300 erbaut und beherbergte im Laufe von sieben Jahrhunderten die verschiedensten Handwerker. Nacheinander wurde es von Büttnern, Schwarzfärbern, Webern, Schuhmachern, Kesselflickern, Töpfern, Korbmachern, Seifensiedern, Pflasterern, Zinngießern und Maurern bewohnt. Seine Erhaltung verdankt dieses Kleinod vor allem einem Einsiedler, der seine langjährige Wohnstatt im Zeitalter der Modernisierung in ihrem ursprünglichen Zustand beließ, weil er weder Wasserleitung noch elektrischen Strom benötigte.

Alt-Rothenburger Handwerkerhaus: Die Schusterwerkstatt

Alt-Rothenburger Handwerkerhaus
Alter Stadtgraben 26

Öffnungszeiten:
April bis Oktober täglich 9 – 18 Uhr.
November und Dezember Mo. bis Fr. 14 – 16 Uhr, Sa., So. 10 – 16 Uhr. Januar bis März geschlossen.

Alt-Rothenburger Handwerkerhaus: Die Elternschlafstube

Der 14 m tiefe Brunnen im Innern könnte auch heute noch die Wasserversorgung sichern. Die niedrigen Decken und Türöffnungen, sowie die Ausmaße der Betten erinnern daran, dass die Menschen vergangener Jahrhunderte längst nicht unsere Körpergröße erreichten.

Unter den elf original eingerichteten Räumen und Kämmerchen zählt die Küche mit der offenen Feuerstelle zu den interessantesten. Die ungleichmäßigen Kacheln am Ofen der Wohnstube wurden im 14. Jahrhundert auf der Töpferscheibe gedreht.

In der patrizischen Küche war eine Feuerstelle zum Kochen eingerichtet

HOTEL

32

Weißer Turm und Kapellenplatz

Durch den Röderbogen betreten wir das älteste Stadtgebiet. An der Frontseite des Büttelhauses entlang folgen wir dem Verlauf der 1. Stadtmauer über den Milchmarkt zum Kapellenplatz mit dem Seelenbrunnen. Wenige Meter weiter sehen wir auf der rechten Seite den Weißen Turm, einen der wenigen Überreste der ältesten inneren Stadtbefestigung aus dem 12. Jahrhundert. Das angebaute Fachwerkgebäude ist das Judentanzhaus, welches auch als Herberge diente. Daran schloss sich das Viertel der 2. jüdischen Gemeinde an, die abschließend 1520 aus der Stadt vertrieben wurden.

Seelbrunnen am Kapellenplatz, wurde 1626 neu errichtet

Die Judengasse, als zusammenhängender und noch erhaltener Wohnbereich der ehemaligen jüdischen Gemeinde, ist mit seinen Ausgrabungen und Funden besonderes interessant für die jüdische Geschichte in den freien Reichsstädten. Später wurde das Judentanzhaus Elendsherberge oder „Seelhaus". Danach heißt der Renaissance-Brunnen auf dem benachbarten Kapellenplatz heute noch „Seelbrunnen".

Der Platz wiederum hat seinen Namen von einer 1804/05 abgerissenen Marienkapelle, die bis zum Ende des 14. Jahrhunderts die Synagoge der Rothenburger Juden war. Um den Kapellenplatz war auch das ursprüngliche jüdische Wohnviertel mit seinen etwa 500 Bewohnern gelegen, bis es in die neue Judengasse außerhalb der inneren Mauer verlegt wurde.

links: Weißer Turm: Teil der ältesten Stadtbefestigung (12. Jahrh.). Links angebaut die Fachwerkfassade des Judentanzhauses

33 Das Galgentor

Die Galgengasse führte einst zum Galgen außerhalb der Stadt. Er war sichtbares Zeichen der Rechtshoheit der Freien Reichsstadt und wurde nach deren Verlust im Jahre 1810 abgebrochen. Das Galgentor oder Würzburger Tor war die am häufigsten hart umkämpfte Einfahrt Rothenburgs. Hier zogen auch Tillys oder Turènes Truppen im Dreißigjährigen Krieg in die Stadt ein. Von der Befestigungsanlage sind nur noch der trutzige Torturm und eines der Vortore erhalten. Graben, Wall und die beiden Streichtürme sind inzwischen neu hergerichtet.

Hier am Galgentor endet der historische Heereszug, der alljährlich an Pfingsten aus der Stadt zur Festwiese führt. Vor der Anlage errichteten die Teilnehmer am Umzug das Feldlager, das bis in die frühen Abendstunden ein farbenfrohes Bild des Soldatenlebens aus der Zeit des 30-jährigen Krieges vermittelt. Gleichzeitig ist der in jüngster Zeit freigelegte Schlupfgang an der ehemaligen Bastei zur Erkundung freigegeben.

Im Wallgraben hat die Stadt, wie auch beim Spitaltor, einen Abenteuerspielplatz eingerichtet.

Würzburger Tor oder Galgentor mit Vortor und zwei Streichtürmen sowie Graben- und Wallanlage

34/35 Doppelbrücke und Kobolzeller Kirchlein

Außerhalb der Befestigungsanlagen, direkt an der Tauber, finden wir das Kobolzeller Kirchlein und die Doppelbrücke.

Kobolzeller Kirchlein: auch Kirche „Zu unserer lieben Frau" genannt

Über dem Taubertal mit Bogenbrücke (1330) und Kobolzeller Kirche erhebt sich die turmbewehrte mittelalterliche Festungsstadt Rothenburg

Die eigentümliche Doppelbrücke aus dem Jahr 1330 – einst mit einem Turm bewehrt – diente als weitere Absicherung des Kobolzeller Tors. Vom jenseitigen Ufer ergibt sich eine Vielzahl von Motiven mit Brücke und Kobolzeller Kirchlein im Vordergrund und der turmgespickten Silhouette der wehrhaften Stadt darüber.

links:
St. Christophorus (1480 – 1490)
rechts:
St. Johannes der Täufer (ca. 1520)

Die spätgotische Kirche aus dem 15. Jahrhundert büßte während des Bauernkrieges den Großteil ihrer Kunstschätze ein. Vom „Bilderstürmer" Dr. Karlstadt aufgehetzte Müller plünderten sie am Ostermontag 1525 aus, zerstörten die Werke und warfen die Reste in den Fluss. Im Mai nach den Andachten kann man die alte Wegkirche noch besichtigen. Wegkirchen mit ihren Altären dienten den Jakobswallfahrern als Gebetsstationen. Zu einer auf der Westempore liegenden Station sorgte eine in sich gedrehte doppelte Wendeltreppe für einen reibungslosen Wallfahrerbesuch.

Saalkirche mit Blick auf den steinernen Volksaltar

36 Das Topplerschlösschen

Über die Doppelbrücke gehend erreichen wir nach einem kurzen Spaziergang ein merkwürdig burgähnliches Gebäude, einen Wohnturm, das Topplerschlösschen. Es wurde 1388 für Bürgermeister Heinrich Toppler, nach Vorlage des mehr als 1000 Jahre alten Herrenschlösschens, erbaut und diente ihm als Sommersitz und Ort für Gespräche mit bedeutenden politischen Persönlichkeiten. Der Überlieferung nach soll auch König Wenzel hier häufig Gast Topplers gewesen sein.

Topplerschlösschen: Im 14. Jahrhundert für Bürgermeister Toppler im Taubertal erbaut

Küche mit Feuerstelle

Der mächtige Bürgermeister, manchmal gar „König von Rothenburg" genannt, hatte das Land ringsum sicher gemacht. Es ist anzunehmen, dass er das mit dem Bau außerhalb der Stadtmauer demonstrieren wollte. Das wappengeschmückte Wasserschlösschen erinnert an einen romanischen Wohnturm, wie er mehr als zweihundert Jahre zuvor durchaus üblich gewesen war. Die Innenräume sind noch heute wie zu Zeiten des Bauherrn, jedoch mit Möbel der verschiedensten Stilepochen (16.–19. Jahrhundert) eingerichtet. Sie sind ganzjährig zu besichtigen.

Topplerschlösschen: Wohnzimmer von Rothenburgs mächtigstem Bürgermeister

Topplerschlösschen
Im Taubertal

Öffnungszeiten:
ganzjährig Fr., Sa., So. 13 – 16 Uhr.
November geschlossen.

INFORMATION

37 Die Pfarrkirche in Detwang

Ein halbstündiger Spaziergang durch das Klingentor oder an der nordwestlichen Stadtmauer entlang bringt uns ins Taubertal und zum Dörfchen Detwang.

Seine Pfarrkirche St. Peter und Paul wurde bereits 968 geweiht und gehört zu den ältesten Wehrkirchen Frankens.

Romanische Pfarrkirche St. Peter und Paul (968 geweiht)

Pfarrkiche Detwang

Öffnungszeiten:
April bis Oktober 8.30 – 12 Uhr und 13.30 – 17 Uhr (vom 1.06. – 14.09. bis 18 Uhr). November bis März 10 – 12 Uhr und 14 – 16 Uhr. Montag geschlossen.

Nördlicher Seitenaltar (um 1480/90). Im Schrein links der Mönch Antonius, in der Mitte die hl. Katharina (Figur um 1440) und rechts der hl. Nikolaus. Die Flügelbilder zeigen den hl. Stephanus (links) und den hl. Laurentius.

Südlicher Seitenaltar (um 1500/10). Im Schrein links die heilige Ottilie, in der Mitte Mondsichelmadonna mit Jesuskind und Apfel, dem Zeichen der Erlösung und rechts eine Heilige in Nonnentracht. Die Flügelbilder, auf denen Reliefs in perspektivische Sockel übergehen, zeigen die hl. Barbara (links) und die hl. Magdalena.

Der Heilig-Kreuz-Altar: Im linken Seitenflügel Jesus im Garten Gethsemane. In der Mitte die Kreuzigung mit den trauernden Frauen und einer Gruppe Kriegsknechte. Im rechten Seitenflügel der auferstandene Christus mit Siegesfahne.

Hauptanziehungspunkt des Gotteshauses ist jedoch sein Hauptaltar, der Kreuzaltar von Tilman Riemenschneider. Um 1510 ursprünglich für die Michaelskapelle in Rothenburg gefertigt, wurde er aus der im Dreißigjährigen Krieg schwer beschädigten Kirche in Detwang überführt.

Während die Flügelreliefs mit der Ölbergszene und der Darstellung der Auferstehung Christi von Gehilfen gestaltet wurden, stammt die Hauptgruppe aus der Hand des Meisters. Eindrucksvoll spiegeln sich Trauer und Mitleid in den Gesichtern der Mariengruppe mit Johannes und der Landsknechte.

Bemalter Taufstein aus dem Jahre 1720

Historische Spiele und Veranstaltungen

(Termine siehe Veranstaltungskalender)

Der Meistertrunk

Das Festspiel wird seit 1881 alljährlich an Pfingsten von einheimischen Laienspielern vor Zehntausenden von Gästen aufgeführt, neuerdings auch je am 2. Samstag im Juli (Festliche Sommertage) und im September (Reichsstadt-Festtage).

Historisches Festspiel: Tilly mit Feldherrnstab

Es hat die Legende von der wunderbaren Rettung der Stadt am 31. Oktober 1631 – während des Dreißgjährigen Krieges – zum Inhalt: Erbost über den heftigen Widerstand will Tilly vier der Ratsherren hinrichten lassen. Alles Bitten hilft nichts, Bürgermeister Bezold muss den Henker holen.

Inzwischen bietet man dem Feldherrn besten Frankenwein in einem mächtigen Humpen an, der 3 ¼ l fasst. Tilly verspricht Gnade, wenn einer der Ratsherren den Pokal ein einem Zug leert.

Altbürgermeister Nusch erklärt sich bereit und schafft es. Der verblüffte Tilly hält sein Versprechen, die Bevölkerung jubelt.

Altbürgermeister Nusch beim Leeren des Kurfürstenhumpen von 1616, einst vermutlich der Willkomm-Humpen der Reichsstadt. Um das mächtige Trinkgefäß (3 1/4 l) rankte sich die Legende vom „Historischen Meistertrunk". Zu besichtigen im Reichsstadtmuseum.

Hans-Sachs-Spiele

Hans Sachs (1494–1576), gelernter Schuhmacher, lebte in Nürnberg als „Meistersinger“ und machte sich als „Schusterpoet“ einen Namen. Er schrieb zahllose Verse, darunter 208 Theaterstücke. Eine Rothenburger Spielschar führt seit 1921 alljährlich zu Ostern und Pfingsten, in den Sommermonaten Mai bis August sowie zu den Reichsstadt-Festtagen einige seiner schönsten Schwänke im Kaisersaal des Rathauses auf.

Neben diesem historischen Rahmen erhalten die Spiele durch die Kostüme und die Musik aus der Meistersingerzeit ihre besondere Note.

Osterprogramm

Über das Osterfest bietet Rothenburg seinen Besuchern den historischen Schäfertanz, eine Aufführung der Hans-Sachs-Spiele sowie Osterkonzerte auf dem Marktplatz und ein Orgelkonzert. Das Figurentheater für Erwachsene am Burgtor lädt zu seinen Aufführungen ein.

Pfingstprogramm

Am Samstag, Sonntag und am Montag führen Laienspieler zweimal das historische Festspiel „Der Meistertrunk“ im Kaisersaal des Rathauses auf.

Am Sonntag findet auf dem Marktplatz der „Historische Schäfertanz“ statt. Die Hans-Sachs-Spiele und das Figurentheater für Erwachsene sowie Konzerte in der St.-Jakobs-Kirche und im Freien ergänzen das Angebot. Am Montag fühlt sich der Besucher in die Zeit des 30-jährigen Krieges zurückversetzt: Schon am frühen Vormittag ziehen mittelalterlich gekleidete Truppen durch die Altstadt. Am Nachmittag (ab 15 Uhr) bewegt sich der „Historische Heereszug 1631“ vom Spitaltor durch die Spitalgasse, Schmiedgasse und Galgengasse zum Galgentor, wo die Teilnehmer ein Feldlager errichten. Nach dessen Ende gegen 19 Uhr nimmt Tilly auf dem Rathausplatz die Parade der vorbeiziehenden Truppen ab.

Festliche Sommertage in Rothenburg

Zu Ihnen lädt die Stadt am 2. Wochenende im Juli ein. Ein Bürgerfest im Burggarten eröffnet am Samstagnachmittag die Festtage und bietet bis in die Abendstunden Unterhaltung. Ebenfalls am Samstag werden das historische Festspiel „Der Meistertrunk" und der Schäfertanz aufgeführt. Mit einer Abendserenade im festlich beleuchteten Burggarten, der „Nacht der 1 000 Kerzen", klingt das Wochenende stimmungsvoll aus.

Reichsstadt-Festtage

Das 2. Wochenende des September ist nochmals der Geschichte der Stadt gewidmet. Den Auftakt bildet ein Fackelzug der Mitwirkenden am Historienfest, der sich am Freitagabend vom Taubergrund zum Marktplatz bewegt.

Am Samstagnachmittag bietet die Rothenburger Bevölkerung ihren Gästen in den Gassen und auf den Plätzen der Altstadt historische Szenen aus 7 Jahrhunderten. Das Großfeuerwerk mit Stadtbeleuchtung am Abend erinnert an die Beschießungen der Stadt in früheren Zeiten. Am Sonntag setzt sich das Historienfest den ganzen Tag über fort. Außerdem gelangen das Festspiel „Der Meistertrunk" und der historische Schäfertanz zur Aufführung.

oben:
Rothenburger Bürgerwehr

links:
Gefangenentransport

unten links:
Kellermeister

unten rechts:
Landsknechte

Historischer Schäfertanz

Alljährlich am Oster- und Pfingstsonntag sowie je am 2. Samstag im Juli und September trifft sich die „Schäfergilde“ am Nachmittag zu ihren historischen Tänzen vor dem Rathaus. Bereits im Mittelalter tanzten die Schäfer um den Herterichsbrunnen an der Südseite des Rathauses.

Der Sage nach sollen sie einst durch ihren Tanz die Pest in Rothenburg gebannt haben. Eine andere Legende berichtet, ein hiesiger Schäfer habe durch einen wundersamen Traum einen Schatz gefunden und die Schäfer tanzten aus Freude darüber.

Historischer Schäfertanz: „Die Schäfergilde“ tanzt auf dem Marktplatz vor dem Rathaus

Die Herrgottskirche in Creglingen

Von Detwang fahren wir 18 km tauberabwärts zum alten Städtchen Creglingen.

Die gotische Herrgottskirche (1380/80) liegt etwa 1,5 km links in einem Seitental. Die Grafen von Hohenlohe-Brauneck hatten sie aus Aufbewahrungs- und Verehrungsort für eine hier beim Pflügen gefundene Hostie erbauen lassen.

Herrgottskirche Creglingen: Der Marienaltar, eines der Meisterwerke des Bildschnitzers Tilman Riemenschneider

Der berühmte Marienaltar Riemenschneiders – auch Creglinger Altar genannt – bildete ab etwa 1510 die monumentale Monstranz dafür. Beachtenswerte Kunstwerke aus jener Zeit sind vier weitere Altäre sowie kunstvolle Holzschnitzereien (evtl. Veit Stoß) am Chorgestühl und am Kruzifix.

Wintermärchen in Rothenburg

Von Anfang Dezember bis 6. Januar bietet die Stadt ihren Gästen ein reizvolles Programm mit besinnlichen, historisch-romantischen, aber auch beschwingt unterhaltenden Veranstaltungen, Weihnachtsserenaden, Chor- und Orgelkonzerte, Kammerkonzerte, Kindersingen und -theater, Auftritte der Rothenburger Sternsinger und Weihnachtsabende in den Hotels mit musikalischer Umrahmung verwöhnen vor allem den Musikfreund.

Daneben werden ein Lichterzug der Schulkinder, Fackelwanderungen, Waldwanderungen (mit Glühweinrast), Postkutschenfahrten für Kinder sowie Stadt- und Museumsführungen angeboten. Ständige Einrichtungen in diesen Wochen sind zudem die Weihnachtskrippe am Rathaus, die Kunstausstellung, die Hans-Sachs-Spiele und das Figurentheater sowie der Alt-Rothenburger Weihnachtsmarkt (bis kurz vor Weihnachten). Silvesterbälle in den Hotels und Restaurants beschließen den attraktiven Veranstaltungsblock.

GASTHOF

1 Marktplatz
2 Rathaus
3 Herterichsbrunnen
4 Baumeisterhaus
5 Kunstausstellung im Fleisch- und Tanzhaus
6 Historiengewölbe
7 Altes Gymnasium
8 Jakobskirche
9 Reichsstadtmuseum
10 Klingentor
11 St. Wolfgangskirche/ Bäuerliches Museum
12 Burgtor
13 Burggarten
14 Blasiuskapelle
15 Herrngasse
16 Franziskanerkirche
17 Puppen & Spielzeugmuseum
18 Mittelalterliches Kriminalmuseum
19 St.-Johannis-Kirche
20 Plönlein, Siebersturm
21 Kobolzeller Tor
22 Roßmühle

Rundgang zu den wichtigsten Sehenswürdigkeiten.

23 Hegereiterhaus
24 Stöberleinsturm
25 Spitalkirche
26 Reichsstadthalle
27 Spitalbastei
28 Gerlachschmiede
29 Rödertor
30 Markusturm, Röderbogen

31 Alt-Rothenburger Handwerkerhaus
32 Weißer Turm
33 Galgentor
34 Doppelbrücke
35 Kobolzeller Kirchlein
36 Topplerschlösschen
37 Detwang

i Information
WC Toiletten
P Parkplatz
Telefon
Aufgang zur Stadtmauer

Dieser Weg folgt dem Verlauf der ersten Stadtmauer. Von der Judengasse über 32 und 30 durch den alten Stadtgraben zur Johanniskirche 19.

Burggarten (5 Minuten vom Rathausplatz; ab Einbruch der Dunkelheit beleuchtet)

Burggarten – Taubertal – Kobolzeller Kirche – Doppelbrücke – Kobolzeller Tor

Burggarten – Topplerschlösschen – Fuchsmühle – Barbarossabrücke

Fußweg Richtung Strafturm
Topplerschlösschen – Engelsburg
Klosterweg – Taubertal – Detwang

Die markierten Ringwege von der Stadt aus erfordern knapp 2 Stunden Wanderzeit:

Elster:
Spitaltor – Schandtaubertal – Blinktal – Kobolzeller Tor

Milan:
Spitaltor – Taubertal – Natursteig – Spitaltor

Fuchs:
Kobolzellertor – Doppelbrücke – Engelsburg – Klingentor

Bachstelze:
Galgentor – Steffeleinsbrunnen – Steinbachtal – Klingentor

Hase:
Galgentor – Steffeleinsbrunnen – Steinbachtal – Bettwar – Klingentor

Seit einigen Jahren werden geführte Themenwanderungen angeboten. Die genauen Termine erfahren Sie jeweils ganz aktuell in der Information am Marktplatz.

Themenwanderungen sind u.a.:

Mühlenwanderungen
Musikwanderugnen
Weinbergwanderungen

Auch der internationale Volkswandertag ist fester Bestandteil der Rothenburger Veranstaltungen.

Stichwortverzeichnis

Tipps und Adressen

Polizei-Notruf (Unfall, Überfall):
Tel. 1 10
Feuer: Tel. 1 12
Erste Hilfe:
Krankenwagen – Bayer. Rotes Kreuz, Tel. 1 92 22

Auskunft, Zimmernachweis, Veranstaltungen:
Kultur- und Fremdenverkehrsamt, D-91541 Rothenburg ob der Tauber, Marktplatz 2 (Ratstrinkstube), Tel. (0 98 61) 4 04-8 00, Postfach 1114, Telex 61379 roti d, Fax 86807

Angeln:
Bezirks-Fischereiverein, Tel. 32 89 (Herr Schmid)

Bücherei, Leseraum:
Klingengasse 6, Tel. 4 04-54, mittwochs geschlossen

Bundesbahn-Auskunft:
Bahnhof, Tel. 1 94 19

Campingplätze:
Tauberidyll, Detwang, Tel. 31 77 und Tauberromantik, Detwang, Tel. 61 91

Fahrradvermietung:
Bahnhof Rothenburg, Tel. 23 30

Fernsprechdienste:
Ortskennzahl: 0 98 61,
Auskunft Inland: 1 18 33,
Auskunft Ausland: 1 18 34,
Telegramm-Aufnahme: 01 13,
Fernsprechzellen:
siehe Stadtplan (Seite 114/115)

Flugplatz, Stadtrundflüge:
Aero-Club, Bauerngraben, Tel. 74 74

Frankenfreizeit:
Ozon-Hallenbad (Mitte September bis Mitte Mai) und beheiztes Freibad (Mitte Mai bis Mitte September), Tel. 45 65; Sauna und Massagen, Tel. 56 66; Restaurant mit großer Terrasse, Tel. 39 71, Nördlinger Straße (Romantische Straße)

Führungen:
Mai – Okt., Dez. täglich 11 und 14 Uhr. April täglich 14 Uhr, ab 10 Personen. 21.30 Uhr Marktplatz: Führungen durch die illuminierte Altstadt. Bei günstiger Witterung täglich, ab 10 Pers.

Fundbüro:
Rathaus-Arkaden, Eingang ganz links, Tel. 4 04-56

Geldwechsel:
bei allen Banken und Sparkassen, im Reisebüro am Marktplatz und Hotel Tilman Riemenschneider, Georgengasse 11-13

Golfplatz:
Schloss Colmberg; 18 km, Tel. (0 98 03) 2 62

Gottesdienste:
Katholisch: Sonntag 7, 8.30, 10.30 Uhr St. Johanniskirche, Protestantisch: Sonntag, 7, 9 Uhr St. Jakobskirche

---

Gruppenarrangements:
Stadtführungen Tag und Nacht, Empfang durch den historischen Kellermeister, Besuch durch den historischen Nachtwächter, Spaziergang über Engelsburg nach Detwang, Reiseleitung, Sonderaufführungen der Hans-Sachs-Spiele und des Puppentheaters, Tanzmusik, Hans-Sachs-Musik, Orgelkonzert, Auskunft beim Fremendenverkehrsamt s. o.

Hallenbäder: s. Frankenfreizeit

Jugendherbergen:
Roßmühle, Mühlacker 1,
Tel. 9 41 60, Fax 94 16 20;
Spitalhof, Tel. 78 89

Kinderspielplätze:
Mit Abenteuerplätzen in den Wallgräben am Würzburger Tor und am Spitaltor; beim Hallenbad, Nördlinger Straße

Kneipp-Wassertret-Anlage:
Am Schaupfad „Riviera"

Krankenhaus:
Ansbacher Str. 131,
Tel. 70 70 und 7 07 25

Kutschfahrten:
Stadtrundfahrt, Halb- und Ganztagesausflüge, Auskunft beim Fremdenverkehrsamt

Museen:
Reichsstadtmuseum, Mittelalterliches Kriminalmuseum, Alt-Rothenburger Handwerkerhaus, Topplerschlösschen, Historiengewölbe, Puppenmuseum, Bäuerliches Museum. Öffnungszeiten siehe Textteil

Polizei:
Tel. 97 10
(Autobahnpolizei Tel. 97 12 61)

Postämter:
Milchmarkt 5,
Bahnhofstr. 7,
Rückertstr. 4

Reichsstadthalle:
Großer Saal bis 600 Sitzplätze, kleiner Saal, Parkplatz; Spitalhof, Tel. 48 66

Reisebüro:
Marktplatz 2 (Ratstrinkstube),
Tel. 46 11

Reiten:
Reitstall am Schwanensee (3 km),
Tel. 32 62

Ruhebänke:
Spazierwege rund um die Altstadt, im Burggarten, an der „Tauber-Riviera".

Sauna:
siehe Frankenfreizeit.

Schießen:
Kleinkaliber, Luftgewehr, Pistolen.
Für Gäste donnerstags 20 – 22 Uhr.
Schützengilde, Paul-Finkler-Straße,
Tel. 32 77

Schwimmen:
siehe Frankenfreizeit u. Hallenbad

Taxi:
Appler Tel. 20 00; Dänzer Tel. 44 05;
Ebert Tel. 72 27

Tennis:
Ab Mitte April täglich 8 – 12,
14 – 17 Uhr, Tennis-Club-Anlage,
Am Philosophenweg, Tel. 78 93

Theater – Film:
Kapellenplatz – Lichtspiele,
Kapellenplatz 14, Tel. (09861) 46 58

Veranstaltungen:
Auskunft erteilt das Verkehrsamt
Wandern: Markierte Rundwanderwege durch das Taubertal, über die Engelsburghöhe (Merian-Panorama mit Blick über Taubertal und Wanderkarte s. Seite 116 und beim Verkehrsamt.

www.rothenburg.de

Gesamtherstellung und © Copyright by
Schöning GmbH & Co. KG
An der Hülshorst 5 · 23568 LÜBECK
☎ (04 51) 310 310 0 · Fax (04 51) 31 03 130
E-Mail: info@schoening-verlag.de
Internet: www.schoening-verlag.de

Gesamtorganisation: Armin Rausch, Dielheim
Layout/Satz: Yvonne Harth, Lobbach
Text: Wolfgang Kootz überarbeitet und ergänzt
von Karin Bierstedt

Fotos:
Archiv Edm. von König Verlag & Mediadesign

mit Ausnahme von:
H. Kraft – S. 23, 24/25, 26, 27, 52, 54, 56, 57, 60 (unten),
73, 74, 75, 91 (unten), 96 (2x unten), 97, 99, 100, 101,
102, 103
A. Cowin – S. 1, 4 (unten), 12, 14 (unten), 16 (Mitte),
17 (rechts), 28 (oben), 29, 35, 37, 42, 43 (oben), 50, 51,
53, 55, 58 (links), 64, 65, 66, 67 (3x), 69 (links), 72, 76,
83, 85, 86/87, 88, 89, 92, 93, 94, 96 (oben), 98, 111,
112 (unten links)
E. Schmitz – S. 16 (oben), 71, 80/81, 107, 108
Reichsstadtmuseum – S. 40/41
Puppen- & Spielzeugmuseum – S. 58 (rechts), 59
Kriminalmuseum – S. 61-63
Roßmühle – S. 70

In der gleichen Reihe sind erschienen:
Nürnberg, Freiburg, Rhein, Heidelberg, Schwarzwald,
Dinkelsbühl, Baden-Baden, München, Berlin

ISBN: 3-89917-331-7
Bestellnummer: 0162 0101